本书由湖南商学院重点学科理论经济学

中国农产品出口贸易隐含碳排放研究

Study on CO₂ Emissions Embodied
in Agriculture Exporting Trade of China

戴育琴 ／ 著

中国财经出版传媒集团
经济科学出版社
Economic Science Press

图书在版编目（CIP）数据

中国农产品出口贸易隐含碳排放研究/戴育琴著．
—北京：经济科学出版社，2018.7
ISBN 978-7-5141-9516-3

Ⅰ．①中… Ⅱ．①戴… Ⅲ．①农产品－出口贸易－二氧化碳－排气－研究－中国 Ⅳ．①F752.652

中国版本图书馆 CIP 数据核字（2018）第 155251 号

责任编辑：程辛宁
责任校对：靳玉环
责任印制：邱　天

中国农产品出口贸易隐含碳排放研究
戴育琴　著

经济科学出版社出版、发行　新华书店经销
社址：北京市海淀区阜成路甲 28 号　邮编：100142
总编部电话：010-88191217　发行部电话：010-88191522
网址：www.esp.com.cn
电子邮件：esp@esp.com.cn
天猫网店：经济科学出版社旗舰店
网址：http://jjkxcbs.tmall.com
固安华明印业有限公司印装
710×1000　16 开　16 印张　200000 字
2018 年 7 月第 1 版　2018 年 7 月第 1 次印刷
ISBN 978-7-5141-9516-3　定价：78.00 元
(图书出现印装问题，本社负责调换。电话：010-88191510)
(版权所有　侵权必究　打击盗版　举报热线：010-88191661
QQ：2242791300　营销中心电话：010-88191537
电子邮箱：dbts@esp.com.cn)

前言 Preface

21世纪，经济与环境资源平衡发展的矛盾日益凸显，以低能耗、低物耗、低排放、低污染为特征的低碳经济成为未来经济发展方式的必然选择，特别是随着能源约束和全球气候变化产生的对全球碳排放及碳排放权分配的争论，使得贸易背后的隐含碳排放问题备受关注，通过国际贸易转移的隐含碳排放是在国家间碳排放权分配的焦点问题。中国自2001年加入世界贸易组织以来，农产品出口贸易迅速发展，农产品出口贸易的持续增长成为驱动农业经济发展的重要动力之一。然而，农业是温室气体的第二大来源，随着农业生产中煤炭、柴油、电力等能源的大量消耗以及化肥、农药、农膜等工业投入品的持续增加，我国农产品出口贸易中涉及大量的隐含碳排放。中国农产品出口贸易引致的二氧化碳排放究竟有多大？如何充分利用农产品出口贸易的引擎作用，对农产品出口贸易中隐含碳排放来源、能源结构进行优化？影响我国农产品出口碳排放的因素有哪些？出口农产品碳排放效率如何？是否存在区域和时间上的收敛性？对这些问题的深入研究将有助于为我国农业低碳发展、调整优化产业结构、转变农产品贸易增长方式等方面提供政策支持，也有助于缓解中国在未来的气候谈判中所面临的压力，争取更多的碳排放权。

本书采用定量分析与定性分析相结合的方法，综合运用数理模型分析、计量模型分析、归纳演绎分析、比较分析等多种研究手段，对以下问题进行深入研究：

（1）对国际贸易隐含碳排放研究相关文献进行回顾，梳理国际贸易与环境关系的理论机制和实证研究，对国际贸易隐含碳的计算方法进行对比分类。在此基础上界定农产品出口贸易隐含碳的内涵，分析其特点。将环境因素引入赫克歇尔—俄林模型，建立国际贸易隐含碳排放理论模型，分析环境要素禀赋与比较优势的关系以及基于环境禀赋比较优势的特殊性，为本书的研究提供理论基础。

（2）在分析我国农产品出口贸易现状与能源消耗情况的基础上，采用单区域投入产出模型测度 2001~2015 年我国农产品出口贸易隐含碳排放总量，分析其变化趋势，同时对比工业部门的出口贸易隐含碳排放量进行评价；并从农产品出口隐含碳的部门来源、能源分布以及碳排放系数深入分析其结构特征；进一步对各农产品细分部门出口隐含碳排放量进行测度，归纳加入世贸组织后我国农产品出口贸易隐含碳的总体变化趋势、结构特点。

（3）利用贸易开放环境效应理论，分析规模效应、技术效应和结构效应与农产品出口贸易隐含碳的关系，实证研究三种因素对我国农产品出口贸易隐含碳变化的影响。运用 LMDI 分解法从总体和部门分析不同时期各因素影响的正负方向以及强弱大小，分析不同阶段农产品出口隐含碳排放量变化的深层原因。

（4）测度各省区农产品出口贸易隐含碳排放量，利用基于方向性距离函数的 Malmquist – Luenberger DEA 模型，在全要素分析框架下构建 Malmquist 二氧化碳排放绩效指数（MCPI），对碳排放约束下全国和各省区的农产品出口贸易绩效进行实证分析。分析碳排放约束条件下我国农产品出口贸易绩效的变化趋势及其地区间的差异和分布特征，评价农产品出口贸易与环境保护的协调性。

（5）通过建立面板数据计量模型对农产品出口贸易隐含碳排放绩效的空间收敛性和农产品出口贸易隐含碳排放的时间收敛性进行实证分析。采用 α 收敛、绝对 β 收敛、条件 β 收敛三种模型对全国及四大区域的碳排放绩效进行空间收敛性分析，考察农产品出口贸易隐含碳排放效率的空间差异是否会收敛，是否存在落后地区的"追赶效应"。

（6）提出相关政策建议。主要包括：调整农产品出口商品结构，对碳排放密集度高的农产品适当限制其出口，对农产品生产投入的高耗能中间产品，可以加大进口，发展绿色农业；调整农业能源消费结构，增加优质、高效、低碳的能源消费比重，利用丰富的农业资源发展清洁能源和可再生能源，用新型绿色能源逐渐替代现在的石化能源，在煤炭行业引进清洁生产技术；推动农业低碳技术创新，实施农产品生产出口全过程的节能减排，通过控制中间产品消耗和减少中间环节，降低产业末端因能源消耗产生的碳排放；加强技术、经验、制度等方面地区间交流与扩散，缩小地区农产品出口隐含碳排放绩效之间的差距，实现整体上的农业节能减排、农产品出口可持续性增长目标。

目录
contents

第1章 绪论/1

    1.1 研究背景／1

    1.2 研究目的及意义／6

    1.3 国内外文献综述／9

    1.4 研究框架／28

    1.5 主要创新点／33

第2章 国际贸易隐含碳理论分析／35

    2.1 农产品出口贸易隐含碳的内涵／36

    2.2 贸易隐含碳排放理论模型／43

    2.3 本章小结／56

第3章　中国农产品出口贸易与农业能源消费现状分析/58

　　3.1　中国农产品出口贸易现状分析/59

　　3.2　中国农业能源消费现状/71

　　3.3　中国碳排放现状/80

　　3.4　本章小结/90

第4章　中国农产品出口贸易隐含碳排放总体测度及结构分析/92

　　4.1　出口贸易隐含碳的测度方法/93

　　4.2　数据来源与处理/98

　　4.3　农产品分类数据库构造/100

　　4.4　中国农产品出口贸易隐含碳排放测算及结构分析/103

　　4.5　本章小结/122

第5章　中国农产品出口贸易隐含碳排放的驱动因素分解/124

　　5.1　隐含碳排放主要驱动因素/125

　　5.2　隐含碳排放驱动因素分解方法/133

　　5.3　计算结果及分析/136

　　5.4　本章小结/151

第6章 中国农产品出口贸易隐含碳排放绩效评价/152

6.1 中国各地区农产品出口贸易隐含碳排放量估算/153

6.2 农产品出口贸易隐含碳绩效评价方法及绩效指数构造/156

6.3 变量选取和数据来源/161

6.4 结果分析与讨论/164

6.5 本章小结/175

第7章 中国农产品出口贸易隐含碳排放绩效收敛性分析/178

7.1 研究方法/179

7.2 变量解释及数据来源/182

7.3 收敛性检验/183

7.4 本章小结/192

第8章 主要结论与政策建议/194

8.1 主要结论/194

8.2 政策建议/198

8.3 研究不足与展望/203

附录/206

参考文献/223

后记/242

第1章
绪　　论

1.1　研 究 背 景

从 20 世纪 70 年代科学家提出大气二氧化碳浓度升高导致地球升温，全球气候变化与人类的生产活动密切相关以来，碳排放问题逐渐成为国际社会关注的全球性环境问题。1992 年世界各国签署《联合国气候变化框架公约》，1997 年第三次缔约方大会（Conferences of the Parties，COP3）通过《京都议定书》，为国际气候变化政策奠定了基础框架。从《联合国气候变化框架公约》的生效，到《京都议定书》的签订，从哥本哈根气候大会召开，到巴黎协议的达成，世界各国走过了漫长而艰辛的谈判之路，但是，碳减排成效并不尽如人意。联合国政府间气候变化专门委员会（International Panel on Climate Change，IPCC）第三次评估报告中将人类日益频繁的活动及化石燃料的使用造成全球变暖的可能性定为66%。到第四次评估报告，这一可能性已经提高至90%。2016年11月14日，全球碳项目（Global Carbon Project，GCP）发布的《2016年全球碳预算报告》，全球化石燃料及工业二氧化碳排放总量2015年约为363亿吨，较1990年即《京都议定书》规定的排放量计算基准年增加了63%。如图1-1所示，根据国际能源署《燃料燃烧二氧化碳排放（2016）》报告，1978~2014年世界二氧化碳排放总量从173.61亿吨增加到323.81亿吨，翻了近两倍，增长86.51%；世界人均二氧化碳排

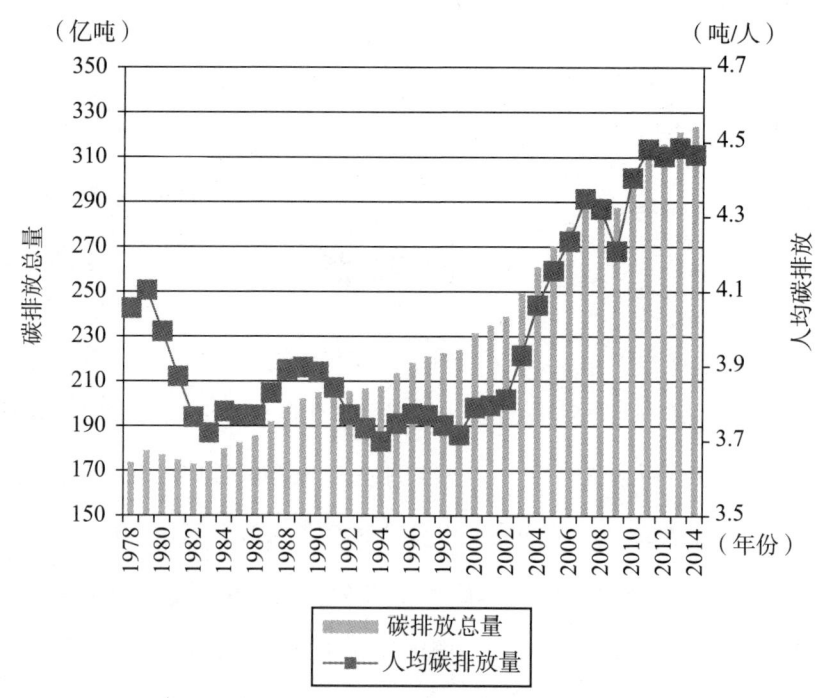

图1-1 1978~2014年世界碳排放总量及人均碳排放量

资料来源：根据国际能源署（IEA）《燃料燃烧二氧化碳排放（2016）》（CO_2 EMISSIONS FROM FUEL COMBUSTION 2016）数据计算绘制。

放量从1999年以来一路上升，除2008年受金融危机影响出现降低以外，2010年迅速回弹，2014年世界人均二氧化碳排放量为4.47吨/人，是1999年的1.2倍。IPCC分析显示，只有使全球温室气体排放2050年比2010年减少40%~70%，2100年保持零增长，才能将2100年全球气温升高控制在低于2摄氏度以内，否则将导致全球气温升高3.7~4.8摄氏度。国际社会正面临越来越大的减排压力，控制碳排放已经成为全球人类必须面对的问题，减排行动迫在眉睫。

世界各国在国际气候大会上的博弈进程表明气候变化全球政策不仅要达到减排的目标，也必须实现各国的利益最大化。如何将减排责任在国家间进行分配成为国际气候变化会议谈判的核心内容，而通过国际贸易转移的隐含碳排放是在国家间碳排放权分配中必须考虑的重要指标（刘燕华等，2008），贸易背后的隐含碳排放问题逐渐受到重视。

在过去的几十年里，随着中国经济的增长，能源消费和二氧化碳排放也在快速增长。自2003年以来，重工业部门庞大基建投资扩张，新兴产品的国内需求和国外需求加大了对矿物燃料的需求。与此同时，中国自2001年加入世贸组织，出口贸易快速发展，2001~2015年，中国出口贸易额从2660.98亿美元增长到22866.21亿美元，年均增长16.6%，增长近9倍。中国2015年出口额大幅超过美国，占全球17.4%，成为名副其实的"世界工厂"。然而，受技术水平和能源结构的限制，大量的出口商品背后隐藏着巨大的能源消耗，必然引发大量的隐含碳排放。已有研究表明，不仅中国的出口隐含碳排放总量大，而且所占碳排放总量的比重高，正呈现出逐年增加的趋势（李艳梅、付加锋，2010）。国际贸易导致大量隐含碳在国家间的空间转移，中国碳排放的25%左右用于满足国外消费者的生产及消费需求（张迪等，2010）。我国出口贸易仍然以低附加值商品为主，是一种以巨大的环境资源消耗为代价的粗放式对外贸易发展模式，不仅加重了日益严峻的环境压力也使自身的可持续发展受到挑战。

中国从2006年开始，超过美国成为世界第一大碳排放国。根据国际能源署的数据，2014年中国的碳排放量为90.87亿吨，占全世界碳排放总量的28%。到2020年中国的碳排放量将翻一番，预计将达到约100亿吨，占世界总排放量的33%。随着中国在世界经济中的重要地位加强，以及中国作为世界最大的能源消费国和碳排放国，虽然中国为《京都议定书》附件Ⅱ国家，不需要承担强制减排的责任，但是西方发达国家已经不愿意将中国划分在无须承担强制减排责任的国家之外，并屡次以中国尚不承担强制减排责任为借口为自己的减排责任开脱。面对全球环境保护和国内能源约束的双重压力，中国在2015年巴黎气候大会上做出减排承诺，承诺中国二氧化碳排放量将于2030年左右达到峰值，相比2005年，单位GDP二氧化碳排放将下降60%~65%，非化石能源占一次能源消费比重达到20%左右，为世界碳减排行动注入了新的推动力量。

目前关于国际贸易中的隐含碳排放的研究主要关注工业领域，对于农业领域的出口贸易隐含碳排放的研究却很少，其主要原因在于大多观点认为农业属于低碳行业，工业才是碳排放的主要来源。然而，众所周知，农业的发展经历了原始农业、传统农业和现代农业三个阶段。前两个阶段是基于碳水化合物利用基础之上的。但是，现代农业阶段是在生产力水平大力提高基础上的大量使用化肥、农药、农膜等中间投入品的产业，农业生产过程中的能源消耗和碳排放也不容忽视。中国不仅是农业大国，也是农产品贸易大国。中国自2001年加入世界贸易组织以来，农产品出口贸易迅速发展。根据联合国商品贸易统计数据库数据，2001~2015年，中国农产品出口贸易额从154.5亿美元上升到682.32亿美元，年均增长11.19%。农产品出口贸易的持续增长成为驱动农业经济发展的重要动力之一。然而，随着我国传统农业向现代农业转变，农业生产消耗越来越多的煤炭、柴油、电力等能源，化肥、农药、农膜等工业投入品的使用也持续增加。农业是温室气体的第二大来源，根据IPCC评估报告显示，农业温室气体排放占全球温室气体排放总排放量为15%左右，而我国这一比例更高，为17%。我国农业已经逐步具有高碳农业的特征，成为碳排放的主要来源之一。不断发展的对外贸易和碳排放之间存在着不容忽视的关系（孙华平、陈丽珍，2014），作为农产品贸易大国，我国出口农产品不可避免涉及大量的隐含碳排放。当前，环境保护融入国际贸易体系成为必然趋势，以环境优化贸易是实现我国经济发展和环境保护双赢的重要手段。大量的能源消耗以及由此带来的碳排放问题严重制约了中国经济的可持续发展和农业低碳经济的发展，并被国际社会质疑，农产品出口贸易大量的隐含碳排放，不仅不利于我国低碳农业的发展，也使农产品出口贸易中更容易遭遇发达国家以环境保护为名设立的各种绿色壁垒。如何充分利用农产品出口贸易的引擎作用，对农产品出口贸易中隐含碳排放来源、结构特征进行分析，以逐步实现农产品出口结构的优化，增强我国农产品出口贸易的可持续竞争力，进而带动我国农业生产向"高效率、低能耗、低排放、高碳汇"为特征的低碳模式转型，这些都是我们亟待解决的问题，越来越成为社会各界关注的焦点之一。

1.2 研究目的及意义

1.2.1 研究目的

我国作为世界最大的贸易国和二氧化碳排放国，当前面临着全球温室气体减排和国内资源环境承载力不足的双重压力。要想在未来气候问题的战略谈判中取得主动地位，为国家经济争取更大的发展空间与权利，迫切需要了解中国出口贸易商品所负载的能源消费和碳排放量。农业作为我国的支柱产业之一，中国农产品出口贸易快速增长，出口种类多样，每种农产品背后所依附的产业链、能源消费结构和能源消费量都不尽相同。未来出口农产品的贸易结构变化将是影响农产品出口增长和能源消费的关键因素，依靠农产品出口结构升级带动农业产业结构升级，是实现农业低碳化发展的重要途径。中国农产品二氧化碳排放有多少是由国外需求所造成的？农产品贸易开放对中国的环境影响到底有多大？这些都是当前所需要思考解决的问题。本书从隐含碳排放的视角出发，构建环境贸易的理论模型，对中国农产品出口贸易隐含碳排放进行估算，分析其结构特征及其发展变化的驱动因素，并对农产品出口贸易的碳排放效率进行评价，从而定量分析出口带动下的农产品能源消费和隐含碳排放，评价农产品出口贸易对我国环境的影响，为我国农业低碳发展、调整优化产业结构、转变农产品贸易增长方式等方面提供政策支持，为中国未来农产品出口贸易产品政策的调整提供参考和依据。同时通过准确核算农产品出口隐含碳排放总量和结构，验证存在"国内生产、国外消费"格局，为合理界定生产者和消费者的责任提供理论和现实依据，为缓解中国在未来的气候谈判中所面临的压力，争取更多的碳排放权提供帮助。

1.2.2 研究意义

1.2.2.1 理论意义

目前，学者对国际贸易隐含碳排放进行了较为丰富的研究，但基于农产品出口视角探讨贸易商品中所包含的环境负荷以及碳排放密集型产品出口的研究比较薄弱。虽然农业的碳排放量大大低于工业和能源部门，但是从时间发展来看，现代农业已经完全不是传统农业时代的低碳行业，由于化石燃料、中间化学品的大量使用以及农业机械化的发展，农业已经迈向"高碳行业"或称之为"石化农业"。农业作为我国三大支柱产业对国民经济产生重要影响。因此，农产品出口贸易隐含碳研究是国际贸易隐含碳研究不可缺少的构成部分，对农产品出口隐含碳的研究是对贸易隐含碳理论的重要补充。以农产品出口贸易隐含碳为研究对象，以期丰富和完善现有的国际贸易环境负荷空间转移问题（转移排放）的理论。

从全球环境约束的视角，一国农产品的贸易规模与结构不仅是比较优势的结果，也可能是贸易农产品背后隐含的能源、碳排放需求所致。由于隐含碳作为一种污染排放其实质是环境资源的消耗，因此用环境要素禀赋的比较优势理论可以解释国际贸易中大量的隐含碳排放现象。本书建立以环境要素为基础的 H-O 模型,分析环境要素禀赋来源、要素的可替代性程度、环境规制使要素价格偏离现实等特殊性,从某种意义来说,是农产品国际贸易理论的补充与丰富。

农产品出口隐含碳排放问题其实质是贸易中污染转移,贸易的扩大不仅带来了经济的增长和更多就业机会,也会对生态环境造成一定的破坏,贸易对环境的影响有正负两方面影响,根据贸易环境效应理论,本书将驱动二氧化碳排放量变动的因素分解为规模效应、技术效应和结构效应。不断扩大的农产品出口规模是导致农产品出口二氧化碳增加的主要原因,而技术效应和结构效应是导致农产品出口贸易隐含碳排放减少的重要原因。对农产品出口隐含碳排放影响因素的深入研究将为国际贸易与环境保护相互支持、趋利避害的研究发挥积极作用,是对环境与贸易关系理论的丰富。

1.2.2.2 现实意义

目前,碳减排的手段主要分为结构减排、管理减排和技术减排,科学合理地测度农产品出口贸易隐含碳排放的商品来源、能源分布、碳排技术系数,将为优化农产品出口结构、引进先进的节能减排技术、提高清洁能源的使用比率和推动农业产业结构低碳化转型提供针对性的决策依据。为国家未来对外贸易结构调整优化、转变贸易增长方式,有效实现经济、社会、资源、环境、生态等的可持续发展的政策制定提供参考。

中国是农产品贸易大国,出口贸易规模的扩大不仅推动了农业经济增长,创造了一大批农业就业机会和提升了经济产值,另外,也带来了大量的能源消耗和碳排放,给中国农业经济持续增长带来了压力。降低农产品出口二氧化碳排放是一项长期而复杂的系统工程。将农产品出口贸易、农产品出口隐含碳排放、绩效三者纳入统一分析框架，深入分析我国农产品出口贸易二氧化碳排放绩效其增长原因、地区差异和演变趋势、地区差异收敛性对增强我国农产品出口贸易的可持续竞争力，带动我国农业生产向"高效率、低能耗、低排放、高碳汇"为特征的低碳模式转型具有重要现实意义。

用科学方法量化农产品出口贸易中的隐含碳排放，明晰中国农产品出口贸易中的能源消费及碳转移情况，可以考察农产品碳排放的跨国流动问题，衡量农产品出口国为进口国承担的碳排放转移责任大小，这将利于国家控制和减少贸易碳污染，为推动温室气体排放从单一依靠"生产者责任原则"向与"消费者责任原则"相结合转变提供现实依据，也将有助于我国在参与全球气候谈判中争取更多的权利，具有重要的现实意义。同时，对贸易中的隐含碳排放进行量化也证明发达国家应该向发展中国家提供更多的技术转移和财政支持，发展中国家出口隐含碳排放的降低将有利于全球碳排放的减少。

1.3 国内外文献综述

1.3.1 贸易与环境的关系研究

1.3.1.1 贸易对环境的影响

（1）碳排放环境库兹涅茨曲线。关于贸易对环境的影响的研究，可以概括为两种不同的观点。一种观点认为，自由贸易的发展促进了环境质量的提升，对环境保护起正向保护作用。自由贸易促进了经济增长和收入增加，为治理环境污染和引进技术带来了资金保障，同时贸易还可以推动清洁技术的传播，开放的贸易体制减少了价格扭曲，使资源合理的配置，从而带来环境的改善；与此相反，认为贸易加剧了环境污染、对环境产生了破坏作用的观点认为，贸易带来的收入增加只能控制部分污染物，自由贸易扩大了经济规模，全球资源使用量和废弃物都随之上升，导致环境压力增大，贸易还带来了污染的跨境转移等问题，因此从全球范围看，自由贸易造成了更多的污染排放（Pethig, 1976；Ekins, 1997）。将贸易对环境的正负两种影响综合起来，并反映在与收入增长的关系上，就是环境库兹涅茨曲线理论（environmental Kuznets curve, EKC）。吉恩·格罗斯曼和艾伦·克鲁格（Gene Grossman & Alan Krueger, 1991）用该理论说明环境质量与经济发展之间存在的倒"U"型关系，可以用来描述对外贸易与环境污染水平之间的关系。一国的整体环境质量首先随国民经济收入（贸易可以带来收入的增加）的增加而恶化，当该国民经济发展到较高水平时，环境质量的恶化开始保持平稳进而随着国民收入的继续增加而逐渐好转。但是关于EKC曲线的佐证一直以来也存在争议，对于很多污染排放，转折点要在很高的水平才能出现，甚至对于一些污染物，收入的增长对其控制可能不起作用等。EKC假设对于我国二氧化碳排放能否成立还存在着很大争论，一些学者验证了碳排放和经济增长呈倒"U"型的特点（吴振信，2012；王飞成、郭其友 2014），然而也有大量文献否定了碳排放EKC理论的存在（范允奇、王文举，2011；刘国平、诸大建，2011）。

（2）贸易自由化的环境效应。吉恩·格罗斯曼和艾伦·克鲁格

(1991)使用一般均衡模型建立了贸易环境效应的基本框架，贸易对环境的影响主要来自三个方面，分别为规模效应、结构效应、技术效应。由于三种效应的综合结果可能为正也可能为负，因此，贸易对环境的影响是不确定的。规模效应是指在排污技术和产业结构一定的情况下，自由贸易背景下，各国生产规模和消费规模都得以扩大，集中的生产活动对环境产生更大的压力，从而污染排放增加，因此贸易的发展对环境的影响是有害的。结构效应是指自由贸易导致全球范围内的专业化分工，各国开始专业化生产和出口具有比较优势的产品并进口具有比较劣势的产品，如果扩大的出口部门污染程度大于缩小的进口部门的污染程度，则该国环境恶化，结构效应为负；如果扩大的出口部门污染程度小于缩小的进口部门的污染程度，则结构效应为正。技术效应则是指随着自由贸易带来收入水平的提高，环境污染程度会随之下降，因为人们对洁净环境的需求逐渐增加，愿意为购买清洁产品支付更多的费用，因此各国将采取严格的环境法规使单位产品对环境的污染程度下降。总的来说，贸易对环境的影响是三种效应综合的结果，一般来说，规模效应为负，技术效应为正，而结构效应的影响不确定。

此后的理论研究方面，科普兰和泰勒（Copeland & Taylor，1994）首次用贸易模型对贸易对环境的影响进行分析，模型假设将世界分为南、北国家两组，假设污染只发生在本国，随着南北贸易规模的扩大，北方国家污染减少而南方国家污染加重。安特勒等（Antweiler et al.，2001）在此基础上，进一步构建了一般均衡污染-贸易模型（ACT），由ACT推导出方程式，可以清晰地说明贸易引起的结构效应如何变化，为该理论的经验实证建立了一个基本框架。实证研究方面，科普兰和泰勒（Copeland & Taylor，1995）以全球性污染二氧化碳排放为研究对象，假定世界各国实施排放许可证制度，发达国家和发展中国家进行自由贸易的结构效应是，发展中国家污染产业规模扩大而发达国家污染产业规模变小，但是与自由贸易前相比，贸易发展导致了全球更多的污染排放。贝格希（Beghin，1997）对墨西哥单边贸易进行研究发现，结构效应使得生产向清洁产业发展，但规模效应的负效应使得高污染加剧，证明了贸易对环境的负面影响。也有学者证明贸易对环境的改进作用。安特勒等（2001）选用44个国家25年的数据对国际贸易的环境效应进行分析发现，技术效应对环境起优化作用，规模效应对环境起破坏作用，而前者大于后者，三种效应相结合的结果表明，贸易的自由化对环境产生了有利影响。

在此基础上将贸易的环境效应实证分析运用于国际贸易对碳排放的影响分析中。科尔（Cole，2003）以32个国家1975~1995年的面板数据为基础研究得到，结构效应为正，但没有估算规模效应和技术效应。曼纳基（Managi，2004）利用1960~1999年63个国家的面板数据，计算结果显示贸易开放对二氧化碳排放具有正向推动效应。曼纳基等（2009）估计了1973~2000年贸易开放对二氧化碳等污染物排放的效应，认为，从长期来看，三种效应之和为正。国内学者主要集中在用结构分析法分解贸易的二氧化碳排放效应，得到了基本一致的结论：规模效应为正，贸易的扩大加剧了我国二氧化碳排放；技术效应为负，技术进步是抑制碳排放的最重要的因素；结构效应不明确，微弱为正值表明目前结构效应对我国碳排放影响有限，但长期来看，结构效应是降低碳排放的重要途径（姚西龙、于渤，2012；贾慧婷，2013；刘建，2013；高潇博等，2015）。

1.3.1.2 环境规制对贸易的影响

（1）污染避难所假说。"污染避难所"假说认为环境规制会影响污染密集型产业的竞争力，由于严格的环境规制将使污染密集型产业付出更多的成本从而导致其竞争力下降，污染密集型产业的企业倾向于将投资和贸易流向环境规制相对较低的国家和地区以避免成本的上涨、获取竞争优势。污染型产业向环境规制宽松的国家和地区聚集，低环境标准的国家和地区由此成为"污染天堂"。但污染避难所假说是建立在严格假设条件上的，由于各国除了环境规制的差异以外，其他条件也不一样，最重要的差异来自要素禀赋的比较优势，一些学者认为基于要素禀赋的比较优势最终决定贸易模式，而环境规制对贸易的影响是有限的，毕竟环境成本只占总成本的一小部分。传统要素禀赋差异对比较优势的影响超过了环境规制不同对比较优势的影响。支持环境规制影响贸易的学者进一步提出了"内生污染避难所"理论，环境政策不是外生的，收入差异会导致环境政策差异（Copeland & Taylor，2004）。由于发达国家的收入水平较高对良好环境产品有更强的偏好，清洁技术的获取和治理污染的资金更有保障，因此在清洁型产品具有比较优势，将集中生产和出口清洁型产品。与之相对，发展中国家收入低，环境标准也相应低，因此会集中生产和出口污染密集型产品。巴雷特（Barrett，1994），埃斯蒂和格拉丁（Esty & Geradin，1997）认为，自由贸易背景下，各国为了维持或增强本国在污染密集型行业的竞争力，会竞相降低环境标准，出现所谓"向底线赛跑"现象，从而导致全球环境污染加剧。由于发展中国家的环境标准普遍低于发达国家，因此，贸易自由化的结果可能造成发展中国家环境质量下降。

（2）国际贸易与碳泄漏。在碳排放问题上，可以用"污染避难所"解释"碳泄漏"现象。IPCC（2007）对碳泄漏的定义为：《京都议定书》附件Ⅰ国家的部分减排量可能被附件Ⅱ国家的高于其基线的排放增加部分所抵消的现象。由于附件Ⅱ国家不受排放约束，附件Ⅰ国家会通过贸易或投资的方式将排放转移至附件Ⅱ国家，环境规制的实施使得一些区域的碳排放减少了，但另一区域的碳排放却增加了，导致全球总的碳排放量可能增加（Reinaud，2008）。理论研究方面科普兰和泰勒（2005）建立了一个 2×2×N 的一般均衡新古典贸易模型对碳泄漏展开研究，在两种要素、两种产品的多个国家框架下分析一国的碳排放如何对其他国家的减排行动做出反应，研究认为：碳泄漏发生与否取决于"搭便车"效应、贸易条件效应、收入效应和消费替代效应这四种效应，前两种效应会导致附件Ⅱ国家增加碳排放，产生碳泄漏，但后两种效应会使附件Ⅱ国家的碳排放降低。因此是否存在碳泄漏要看哪种效应更大。玛利亚和威夫（Maria & Werf，2008）在两个国家单边减排政策下的一般均衡框架中引入了技术因素，考虑技术对碳泄漏的影响。研究表明由于忽略价格变化对技术创新动机的影响，碳泄漏率可能被高估，环境规制引起了相对价格的变化，导致贸易条件下的碳泄漏。然而，相对价格变化也同时会影响两国各行业的技术创新，而技术效应抑制了部分甚至可能全部贸易条件效应引起的碳泄漏。

实证方面，大部分学者基于一般均衡模型对《京都议定书》、欧盟碳排放交易制度或假定的单边减排规制可能带来的碳泄漏进行测度。奎克（Kuik，2001）研究认为如果按照乌拉圭回合削减关税，则贸易自由化将增加3%的碳泄漏。吉伦等（Gielen et al.，2002）分析了如果日本和欧盟对国内生产钢铁征收碳关税，那么其他国家钢铁产量扩大带来的碳排放将会增加,假设前提下的碳泄漏率最高可达50%。一些文献计算得到的碳泄漏率在2%~30%之间(谢来辉、陈迎,2007;Branger & Quirion,2014)。环境规制带来的贸易扭曲,加大了环境污染(Lucas et al.,1992)。这些研究都支持了"污染避难所"假说,认为存在环境规制导致的碳泄漏问题。但也有学者得出了结论并不支持这一假说,例如,蒙格力等(Mongelli et al.,2006)对意大利碳泄漏进行检验,结果并不支持"污染避难所"假说。赖因诺德(Reinaud,2008)研究表明到目前为止欧盟的排放权交易体系对所关注产业的研究并未显示存在碳泄漏。完全相反的观点则是贸易自由化减少了碳泄漏,发达国家碳排放减少、发展中国家碳排放增加的这种现象不一定是发达国家转移的碳排放而可能是国家经济的发展所致(Babiker et al.,1997;Copeland & Taylor,1999)。

1.3.1.3 农产品自由贸易与环境污染

关于农业贸易领域,学者的观点也可以分为两种:一是支持农产品自由贸易有利于环境质量的提高,卡恩(Khan,1987)指出,农产品自由贸易能有效提高资源利用效率,促使生产要素和各种资源在包括农业和制造业在内的各个经济部门间充分流动和合理配置,使农产品竞争力增强,从而有利于发展壮大农业对外贸易。哈罗德和龙格(Harold & Runge,1993)在总结近年来的大量关于自由贸易环境效应的实证研究基础上,认为自由贸易对农业经济产生了积极的影响,贸易自由化促使化肥施用密度降低,环境质量得以提升。瑞伊和斯特拉图(Rae & Strutt,2007),弗尼莫等(Vennemo et al.,2008),诺沃等(Novo et al.,2009)的实证研究都得到了类似的结论,肯定了农业贸易对环境的正面促进作用。二是认为农产品贸易自由化可能导致环境质量下降。洛佩兹（Lopez，1997），巴比尔（Barbier，2000）认为贸易自由化使发展中国家农业活动增加，造成大量的林业用地、耕地变为农业种植用地，农业工业化加速了耕地的过度开发，而且使得农业化学品中间投入转移至本国，致使环境恶化。

国内学者陆文聪、郭小钗（2002）认为，农业贸易自由化对国内环境的影响存在有利和不利两个方面，有利的影响体现在提高了农业资源的利用效率、化学投入品的使用效率、引进洁净农业技术、淘汰高污染农业技术；不利的影响体现在农业规模尤其是畜牧业规模加剧废气排放、贸易运输量导致的污染加重。黄季焜等（2005）采用CASPMI模型选取12种农作物产品和7种水畜产品考察自由贸易对不同农产品的影响认为，贸易自由化对中国农业的总体影响利大于弊，自由贸易对环境都有微弱的负面影响。张凌云等（2005）用计量经济方法评估了种植业贸易自由化对化肥、农药使用的影响，认为出口对环境的影响不明显，而进口可以缓解化肥、农药等对环境的压力。代金贵、祁春节（2008）利用计量回归模型分析表明，农产品出口依存度和进口依存度的系数估计值分别为 -97.99% 和 52.32%，说明农产品出口贸易规模扩大有利于我国环境的改善，而进口规模的扩大恶化了我国环境。匡远配、谢杰（2011）实证分析了中国农产品出口的资源效应和环境效应，认为，农产品出口引起的资源消耗强度均呈现不同程度的上涨，说明中国农产品出口带来了大量资源消耗和环境污染。刘子飞（2014）通过建立贸易环境效应模型实证分析了我国农产品出口贸易的环境效应，结果表明我国农产品贸易存在要素禀赋和污染天堂双重动机，规模效应为正，经济规模每增加1%农业污染将增加 0.84% ~ 0.90%，技术效应为负，有利于降低农业污染，结构效应有利于降低化肥和农膜浓度，但却增加了农药浓度。技术效应对环境的改善作用不能抵消规模效应对环境的破坏作用，总体上农产品贸易自由化加剧了我国农业污染。李祝平等（2017）利用联立方程模型分析方法，建立农产品对外贸易与污染排放的联立方程模型，以评估农产品贸易对环境的影响，结果显示，二者显著正相关，贸易自由化在某种程度上加剧了我国环境污染。现阶段的农业贸易结构也会加剧了环境的恶化。另外，较早时候李岳云、任重（1995），张浩（2001）和周曙东（2001）等国内学者都对农产品贸易对环境的影响做过研究分析，得出的结论较为相似，即农产品贸易对环境的影响是不确定的，存在正、负效应两种可能。总的来说关于农业国际贸易与环境质量的关系的研究并不多。

1.3.2 国际贸易隐含碳研究

1.3.2.1 隐含碳测算的技术手段

所谓隐含碳排放量，是产品生产、加工、销售全过程中消耗能源所产生的碳排放，不仅包括生产该产品自身直接消耗能源所产生的直接碳排放，以国际贸易为视角，还涵盖原材料生产、国际运输等整个全球供应链各环节所产生的间接碳排放（Peters & Hertwich，2008）。目前，隐含碳排放的计算可以概括为三种：IPCC核算法、生命周期评价法（LCA）和投入产出法（IOA）。三种方法各有优劣，学者们根据研究的领域和计算的目的不同以及数据的可获得性在选择方法上各有侧重。其中投入产出法在数据获取和计算的成熟稳定性上更具优势，因而到目前为止是国际贸易隐含碳核算的最基本、最通用的方法。

（1）IPCC核算法。《2006年IPCC国家温室气体清单指南》将温室气体排放源分为能源、工业过程、农林和其他土地利用、废弃物，所有燃烧源的排放估算均可以根据燃烧的燃料数量以及平均排放因子乘积计算得出（程豪，2014）。该方法是目前估算隐含碳排放量最为简单和实用的方法。进入21世纪以来，化石燃料占世界能源消费比例高达80%以上，而碳排放的产生绝大部分是由化石燃料能源消耗导致，化石能源作为碳基能源是核算碳排放量的基础和重点。IPCC提供的计算方法中，IPCC核算公式、活动数据及排放因子数据库已经比较成熟，只要将碳排放活动进行分类整理，利用公式就能得到各类行业活动所产生二氧化碳排放量，形成清单报告（胡建波，2015）。只要获取能源总量，二氧化碳排放就可以基于各种能源量和相应的能源碳排放因子的乘积加总进行相当精确的估算。IPCC方法适用于统计数据不够详尽的情况，目前有大量的参考实例。

（2）生命周期评价法（life cycle assessment，LCA）。该方法是从整个生命周期角度，自下而上对某产品的物质和能量消耗以及环境排放进行识别和量化的评估方法。通过构建商品的完整生命周期清单，界定系统输出边界，进行清单分析，将归类于污染排放的数据进行特征化，最后计算碳排放量（王吉凯，2012）。生命周期评价法基于微观产品视角，主要适用于具体产品在内的微观系统的碳足迹核算。但是，因为生命周期评价法考察特定产品的整个生产过程，这需要大量的基础数据和技术信息，投入大量的人力物力进行前期数据准备，这在几乎所有发展中国家都无法得到。另外，生命周期评价法存在着边界问题，其评价结果存在截断误差。由于可能涉及产品众多，难以准确有效地将全部产品涵盖进来进行全面核算（张魁元，2013）。因此生命周期法更适合某一种或几种特定的商品的隐含碳排放的量化评价。

（3）投入产出法（input-output analysis，IOA）。投入产出法是一种有效的、从宏观尺度评价嵌入到商品和服务中的资源或污染量的工具，也是目前研究贸易隐含碳排放最为常用的方法（张迪，2010）。该方法由瓦西里·列昂惕夫（Wassily Leontief，1936，1974）提出，后来被发展运用于能源和环境研究中。投入产出表反映了各部门间产品的供需平衡关系，该方法核算碳排放突出的优点是能利用投入产出表反映各产业碳排放的联系，通过投入产出表中的直接消耗系数和完全需求系数纵向核算产品生产链各阶段投入品的直接与间接能源消耗，再结合不同能源碳排放系数，得出产品贸易背后完全的隐含能或隐含碳。与产品生命周期相反，投入产出法是一种自上而下的从宏观角度分析的方法。在20世纪就被证明是能源和环境研究领域的重要分析方法（Wright，1974；Bullard & Herendeen，1975；Hannon et al.，1983）。

投入产出法又可以分为单区域投入产出（single-region input-output，SRIO）模型和多区域投入产出（multi-region input-output，MRIO）模型。SRIO模型基于一国单一投入产出表，暗含技术同质性假设，即假定进出口商品与国内商品有相同的能源消耗系数（碳排放系数），技术水平相同、能源利用效率相同。由于在数据获得性和数据处理方面具有较大可靠性，SRIO模型是当前国际贸易隐含碳计算中最常见的模型。适合于估算出口隐含碳，通常应用于研究某一国家对另一国家或多个国家出口贸易中隐含碳排放，也广泛运用于一国总出口贸易中隐含碳排放量的计算。但是，因为一个国家的进口产品来自世界不同生产技术水平的国家，单区域投入产出模型的同质技术假设不一定有效，很可能造成计算中较大的偏差。如果是研究两国之间或多国之间进出口隐含碳排放,不同国家间的生产技术水平不同,完全碳排放系数相差也较大(陈红敏,2011)。而多区域投入产出模型则是依据原产地的技术进行测算,放松假设前提后的多区域投入产出模型计算结果更精确,是隐含碳分析技术的主要改进方向。但是,由于基于贸易双方或贸易多方的综合投入产出表,多区域投入产出模型更复杂,数据获取性难度加大,存在数据口径的统一等问题,使得实际操作起来相对困难。

1.3.2.2 国际贸易隐含碳排放的测度研究

(1) 基于多区域投入产出模型的贸易隐含碳测度。受到模型复杂性和数据获取与处理的困难,MRIO 模型的发展与应用较慢,近几年得到较多应用。艾哈迈德和威科夫(Ahmad & Wyckoff,2003)采用 MRIO 模型对 1995 年占全球排放和 GDP 总量 80% 的 24 个国家的国际贸易碳排放进行测度发现,以国内消费为基础核算的碳排放比以国内生产为基础核算的碳排放要高,OECD 国家总体上存在隐含碳净进口。1995 年为了满足国内需求的二氧化碳排放总量为 12Gt,比生产带来的二氧化碳排放总量高 0.5Gt,贸易中的二氧化碳排放量大约占全球碳排放总量的 2.5%,OECD 国家碳排放总量的 5%。贸易中的隐含碳排放量无论是从绝对量还是相对量都是巨大的,涉及进出口贸易的碳排放往往超出以国内生产基础核算的碳排放 10%~20%,而中国是 OECD 国家最大的隐含碳净出口国。维尔廷和弗林格(Wilting & Vringer,2007)使用 GTAP 模型建立了覆盖 12 个国家地区的模型,单个国家可以在区域平均水平上进行研究。韦伯和马修(Weber & Matthew,2007)利用 MRIO 模型分析 1997~2004 年美国与其最大的 7 个贸易伙伴国之间的贸易结构和数量变化对环境的影响，研究结果显示这一时期进口量增加和贸易格局转变导致美国二氧化碳、二氧化硫和氮氧化物的贸易排放（EET）大量上升，美国进口二氧化碳总量从1997年的0.5亿~0.8亿吨二氧化碳增长到2004年的0.8亿~1.8亿吨二氧化碳，分别占1997年和2004年的美国总碳排放量的9%~14%和13%~30%（占全球的2%~4%和3%~7%）。为考虑中间产品的影响，伦泽等（Lenzen et al.，2004）建立了包括丹麦、德国、瑞典和挪威在内的MRIO模型，研究表明SRIO模型估计结果存在较大的误差，以丹麦为例，SRIO模型下有1100万吨二氧化碳贸易净出口，而在MRIO模型下贸易隐含碳排放不存在净出口。

国内学者周新（2010）运用MRIO模型对世界主要贸易大国国家的国际贸易隐含碳排放进行了测算，发现，美国、日本等发达国家是贸易中隐含碳的净进口大国，其中美国第一、日本第二，中国是最大的隐含碳排放净出口国。闫云凤、赵忠秀等（2013）认为，对外贸易隐含碳的测算需要考虑贸易伙伴生产技术水平和能源结构之间的差异，通过建立MRIO模型测算中国对外贸易隐含碳，研究结果表明，中国的生产引起的碳排放1995~2009年从29.2亿吨增加到70.8亿吨，而消费引起的碳排放1995~2009年从24.7亿吨增加到61.8亿吨，为当前的国际碳排放核算体系引起了消费和生产相分离提供了证据。庞军等（2015）采用GTAP8数据库构建了全球多区域投入产出表，测算了2004年和2007年中国、美国、欧盟和日本基于生产端和消费端的碳排放量，认为中国是隐含碳净出口国，而美国、日本和欧盟则属于隐含碳净进口国，中国出口隐含碳最高的前三个行业分别为设备制造业、纺织服装业和其他制造业，而美国和欧盟出口隐含碳最高的前三个行业为设备制造业、交通业和石化工业，日本最重要的出口隐含碳为设备制造业。马晶梅等（2016）

利用非竞争型投入产出表对 2000~2011 年中日贸易隐含碳进行测算，发现，中国对于日本不仅是贸易净出口国，也是碳排放净出口国，中国各行业的碳排放系数都要超过日本，中日贸易和中日贸易隐含碳处于双失衡状态。

（2）基于单区域投入产出模型的贸易隐含碳测度。传统的贸易与环境关系的研究是从生产角度考察二者之间的关系，而隐含碳的计算为传统的贸易与环境关系提供了新的分析视角，即从消费的角度，通过对贸易中商品的隐含碳排放的量化解释贸易对环境的影响，同样也可以验证是否存在污染转移问题。MRIO 和 SRIO 模型研究都是集中在能源消费导致的碳排放，而不包括其他来源的碳排放。从 20 世纪 90 年代起，单区域投入产出模型就被广泛地运用于单一国家进出口贸易分析与双边贸易分析。

柯多安等（Kondoa et al., 1998）假设进口商品与日本国内产品有相同的碳排放系数，利用单区域投入产出表估算日本进口和出口商品的隐含碳排放量，结果表明 1985 年以前日本出口商品隐含碳排放高于进口商品隐含碳排放，但是 1990 年以后情况发生了逆转，日本成为隐含碳排放净进口国。马查多等（Machado et al., 2001）利用 SRIO 模型计算巴西对外贸易中的碳排放，研究表明 1995 年巴西单位出口价值所含的隐含能比单位进口价值所含的隐含能高 40%，而单位出口价值隐含碳要比单位进口价值的隐含碳高 56%，由此可以判断巴西是隐含碳的净出口国。桑切斯克立兹和杜阿尔特（Sánchez-Chóliz & Duarte, 2004）计算分析了西班牙出口贸易中的隐含碳排放，发现出口碳排放量占碳排放总量的 1.31%，出口隐含碳和进口隐含碳分别占总需求排放的 37% 和 36%，西班牙是隐含碳排放的净出口国。蒙格力等（2006）测度了意大利贸易商品中能源消耗强度和隐含碳排放量，贸易模式的变化验证了"污染避难所假说"，由于碳泄漏而低估了实际的碳排放量。此外，单一国家进出口贸易中的隐含碳排放研究还包括玛恩帕和西卡维尔塔（Maenpaa & Siikavirta，2007）对芬兰，穆克帕得亚（Mukhopadhyay，2007）对印度，彼得斯和赫卫（Peters & Hertwich，2006）对挪威，伦泽（1998）对澳大利亚，坎德和林德马克（Kander & Lindmark，2006）对瑞典等揭示了贸易对各国环境的不同影响。国内学者齐晔等（2008）采用投入产出法，估算了1997~2006年中国进出口贸易中的隐含碳，得出的结论是，我国进出口贸易中的隐含碳排放量都在增加，是隐含碳净出口国；魏思超（2012）利用SRIO模型测算1995~2009年隐含在中国商品和服务出口贸易中的部门分布，认为中国通过出口贸易为进口国承担了大量的二氧化碳排放，生产技术水平的提高、出口贸易结构的变化将抑制中国出口贸易隐含碳的增加；贺亚琴（2015）运用SRIO模型计算2002年、2007年与2010年中国四类产品出口隐含碳，研究结果说明我国当前的出口结构正朝着技术复杂度更高的人力资本和资本技术密集型产品转变；马翠萍、史丹（2016）用SRIO方法计算得出2007年我国由于货物贸易出口引致碳排放量达27.1亿吨，占我国当年碳排放总量的40%左右，出口隐含碳排放密集型产品集中度较高，出口国别呈多区域分散发展倾向。

除了着眼于某一特定国家的经济活动外，许多学者使用SRIO模型研究两国贸易与碳排放量的关系。速水和中村（Hayami & Nakamura，2002）研究日本与加拿大之间的贸易表明，日本的制成品由于生产效率和能源利用效率高，出口隐含碳排放量更低，而加拿大出口日本的商品则以能源和资源密集型为主，如纸制品和煤炭。加拿大由于资源丰富，在不存在制度约束的情况下能源和资源型商品更具竞争力，从而使得碳排放与商品竞争力呈正比。水和哈里斯（Shui & Harriss, 2006）对中美贸易导致的隐含碳排放展开研究，认为中国的能源密集型、碳排放密集型商品更具比较优势，1997~2003年，美国通过从中国进口商品而转移了3%~6%的碳排放，并使得全球碳排放量增加了7.2亿吨左右；李和休伊特（Li & Hewit, 2008）分析了中英贸易对中国及全球碳排放的影响，得出的结论是中英贸易使英国碳排放量减少了11%左右，但是却使得全球二氧化碳排放增加了117吨；刘等（Liu et al., 2010）用投入产出法分析了中日贸易中隐含碳排放的情况，1990~2000年中国对日本是碳排放净出口国，中国经济的碳排放密度远远高于日本，中日贸易中，日本是碳排放净进口国，中国是净出口国，日本向中国转移了部分碳排放，但总体上来说，两国碳排放总量降低了。高庆先、付加锋（2009）利用投入产出模型计算了中国对世界主要国家的出口隐含碳排量，结果显示，2005年美国、日本、欧盟分别占中国出口隐含碳排放总量的27.3%、13.3%和24.5%，OECD合计量占中国出口隐含碳总量的71%；石红莲、张子杰（2010）利用投入产出法计算分析2003~2007年中国对美国出口所引致的隐含碳排放量发现，美国通过进口，转移了大量隐含碳排放，而目前这一部分碳排放却被统计在中国名下；吴先华等（2011）利用2002年和2007年投入产出表测算了中美贸易的碳排放转移量，计算结果表明，两年份中国对美国出口隐含碳排放量占中国碳排放总量的8.33%和13.07%，而美国对中国出口隐含碳排放量只有美国碳排放总量的0.66%和0.21%；陈红蕾、翟婷婷（2013）用单区域投入产出模型测算了中国对澳大利亚2000~2010年的进出口贸易的隐含碳，研究结果表明在中澳贸易中，2007年以前中国为隐含碳的净出口国，在此之后转变为隐含碳净进口国，中国对外贸易中隐含碳排放失衡呈现较高的行业集中度。

无论是单一国家进出口贸易分析与双边贸易分析，都说明国际贸易使得碳排放在国际上发生转移，发达国家通过进口发展中国家碳排放密集的产品，而将污染排放留在发展中国家，为碳排放的净进口国，而发展中国家出口集中在高污染高耗能行业，是碳排放的净出口国。在国际贸易中，中国是隐含能源和隐含碳排放的净出口国，承担了本应由进口国承担的碳排放量。

1.3.2.3 关于中国农产品贸易与碳排放测度研究

随着中国加入世贸组织，中国农业融入世界的脚步加快，农产品贸易开放度不断增强，贸易自由化既给中国农业和农村经济发展提供机遇也提出了一系列挑战。贸易自由化促进农业生产结构调整，对中国农业的总体影响是有利的，但同时也将引发收入不均的问题，对农业污染也起到一些负面影响（黄季焜等，2005）。理论上，农产品贸易逆差有助于节约资源和改善环境，相反，农产品贸易顺差将消耗更多的资源并导致环境退化。但从2004年开始中国农产品贸易呈现逆差以来，农业贸易与资源环境之间的协调程度却处于恶化状况（杨荣海、李亚波，2013）。究其原因，一是在过去相当长的一段时间里，我国出口实施了高投入、高消耗、低效益的粗放型模式，农业生产和出口过程中造成较大的资源消耗、环境破坏，出口农产品的生产方式仍然为粗放型；二是中国农产品出口贸易结构并没有太大的变化，当前污染密集型农产品的出口比重依旧较大。农产品生产、出口与生态环境密切相关，更容易成为发达国家实施绿色贸易壁垒、碳关税和其他环境措施的主要对象。如果对农产品征收碳关税，我国农产品贸易将受到严重影响，造成出口价格上涨，竞争力下降（赵聚辉、刘俭，2015）。因此，许多学者指出在国际环境保护呼声高涨和国内资源匮乏的背景下，中国农产品国际竞争力的提升依赖经济粗放增长与人口红利已经行不通，其根本出路在于转变农业生产方式、提高农产品环境附加值，加强政府的引导，调整优化农产品贸易格局，促进环境成本内部化，加强资源节约型环境友好型农业建设（许永明等，2016；宋玉臣、臧云特，2016）。

目前学术界关于中国农产品贸易领域的碳排放研究相对较少。许源（2013）构建非竞争型投入产出模型，评估了1995～2005年中国农产品贸易隐含的二氧化碳，结论是中国农产品生产所排放的二氧化碳有3.71%～4.50%是由出口所产生的。张迪等（2010）采用投入产出法，对2002年中国农产品对外贸易的隐含碳转移进行了研究，发现2002年中国为农产品隐含碳排放的净出口国，隐含碳的主要出口地区在亚洲，韩国及日本是中国农产品隐含碳出口的主要受益国。另一些学者从碳排放对贸易影响的角度出发展开研究，例如，匡远配、谢杰（2011）研究认为由于我国农产品生产的能源效率低、污染排放较大，农产品出口贸易承载较大的环境成本和污染转移，对其他国家和地区而言则是一种间接的"贡献"；彭可茂等（2012）使用引力模型分析了碳排放对中美农产品贸易的影响，计算得出，碳排放在中国对美国农产品出口的影响因素中其相对影响达到了42%，短期内碳排放起到了促进农产品出口的作用，中国的农产品出口在很大程度上依赖高能耗推动，但长期正效应将随着碳排放的增加而不断变小，负效应则随其增加不断变大；孙华平等（2014）认为，从碳泄漏和污染产业转移的国际分工角度看，发达国家有动力也有充足的资本投入和研发投入来持续推进生态农业和低碳农业的发展，而把污染密集和资源消耗密集型的农产品生产环节留给中国等具有劳动力禀赋优势的国家;戴育琴等(2016)计算2001~2013年中国农产品出口贸易隐含碳排放量,认为从总体变化趋势来看,农产品出口中的隐含二氧化碳排放量随出口贸易扩大不断上升,农产品出口结构的调整、能源利用效率的提高和农业生产技术进步,会有效降低农产品出口贸易中的隐含碳排放。齐玮、侯宇硕(2017)将农产品定义为农林牧渔业,以农林牧渔业作为广义农业来进行研究,在表示能源强度效应时,以种植业出口额近似地代替农业出口额,用投入产出法核算了1995~2014年中国农产品贸易中隐含碳排放量,结果显示,出口隐含碳呈下降趋势。可见对农产品的定义与分类不同,以及对数据的选择与来源会影响到核算的结果,出现正负完全不同的趋势。

1.3.2.4 简要评述

综上所述,国际贸易与环境污染的理论和实证研究都很丰富,关于国际贸易隐含碳的计算在近20年里也快速发展起来,实证方法越来越成熟。但是长期以来国际贸易隐含碳的研究都集中在工业领域,鲜有农产品贸易领域隐含碳排放的研究。可能的原因在于,一是相对能源消耗大的工业部门,农业部门碳排放量较少,学者们更关注工业领域的碳排放问题,很多人还停留在农业属于低碳行业的认识阶段;二是农业碳排放活动微观主体较多,对农业碳排放活动的界定和分类的差别,存在计算范围标准不统一的问题。大量的文献为本书的研究提供了坚实的基础,但同时也有一些不足:第一,目前国际贸易中的隐含碳排放研究主要集中于对两国间进出口隐含碳排放差额的分析,而就某一国具体产业在出口贸易中的隐含碳排放分析很少,关于中国农产品出口贸易隐含碳总体变化趋势的研究还没有,对近年来农产品出口二氧化碳排放结构分析的研究更是缺乏。第二，国际贸易隐含碳排放研究更多集中在工业领域，针对中国农业及其贸易领域的隐含碳研究非常缺乏，迫切需要对农产品的出口贸易隐含碳排放展开研究，补充国际贸易隐含碳排放研究的内容和结构。第三，贸易隐含碳的研究涉及投入产出分析，对数据的搜集、整理、计算工作量非常大，因此当前研究时间普遍较短，一般选取某一年或者某几年，因而不能连续、动态地反映农产品出口隐含碳的变化趋势。第四，一般以农业整个行业大类作为研究对象，没有分农产品各种类研究出口贸易隐含碳排放，从而不能全面评价结构分布变化，难以揭示农产品各部门出口隐含碳排放量的变动特征的差异性。第五，考虑环境约束，从效率角度研究中国出口贸易的文献十分鲜见，专门研究农产品出口贸易碳排放效率的文献更少。这些不足为本书的研究提供了研究的空间。

1.4 研究框架

1.4.1 研究内容

本书通过研究我国农产品出口贸易中的隐含碳排放，达到探讨中国农产品贸易开放与环境污染的关系的目的，量化中国农产品出口贸易引致的二氧化碳排放，从新的视角分析我国农产品出口贸易结构。本书研究主要内容包括：

（1）对农产品出口贸易对现有相关文献进行回顾，梳理国际贸易对碳排放的影响的理论机制和实证研究，界定农产品出口贸易隐含碳的内涵及特点，将环境禀赋因素引入 H-O 模型，理论分析环境要素禀赋对比较优势的影响以及基于环境禀赋比较优势的特殊性，为本书的研究提供了理论基础。

（2）在考察我国农产品出口贸易与能源消耗的现状基础上，利用单区域投入产出法，根据投入产出表和海关 HS 码二级分类对农产品进行分类，测度农产品出口部门 2001~2015 年出口隐含碳排放量，并从农产品出口二氧化碳排放的部门来源、能源分布以及技术系数三个方面深入分析其结构特征。并对比分析各工业部门 2001~2015 年的出口贸易中的二氧化碳排放量，归纳出加入世贸组织后，我国农产品出口贸易隐含碳的总体变化趋势、结构变化特点。

（3）利用贸易开放环境效应理论，分析规模效应、技术效应和结构效应与农产品出口二氧化碳的关系，实证分析三种因素对我国农产品出口贸易隐含碳增长以及变化的正负方向和贡献度大小。采用因素分解法不仅从农产品总体而且从农产品分部门研究影响我国农产品出口隐含碳增长的驱动因素，并通过横向和纵向比较，分析不同时期各驱动因素影响的正负向及强弱大小，分析三阶段农产品出口隐含碳排放量不同变化特征的深层原因。为国际碳减排责任划分原则提供现实依据。

（4）利用基于方向性距离函数的 Malmquist-Luenberger DEA 模型，在全要素分析框架下测算我国各地区农产品出口贸易隐含碳排放绩效指数及其分解，分析碳排放约束条件下我国地区间农产品出口贸易绩效之间的差异，探索其分布特征和变化趋势，并与传统 Malmquist 指数进行对比。

（5）基于区域收敛模型，通过建立面板数据模型对农产品出口贸易隐含碳排放空间收敛性进行实证分析，检验我国农产品出口隐含碳效率的空间差异是否会收敛，是否存在落后地区的"追赶效应"。为因地制宜制定减排任务和农产品出口政策、缩小地区农产品出口贸易隐含碳排放差异，促进农产品出口贸易与环境协调发展提供理论支持。

1.4.2 研究方法

（1）投入产出分析（IO）。投入产出分析是目前国际贸易隐含碳计算的最主流的方法。IO法主要用于分析能源消耗碳排放，能够深入分析各部门或各产品之间比例关系。IO法涉及数据量大，计算更为复杂，且并不考虑自然源（如水稻种植和畜禽肠道发酵）碳排放，因此只有少部分学者运用IO法核算农业隐含碳排放。由于国际贸易的隐含碳主要考虑直接和间接能源消耗导致的碳排放，国际贸易隐含碳排放核算大多采用该方法。本书以我国的农产品出口隐含碳为研究对象，因此选取单区域投入产出分析（SRIO）详细测度以能源消耗为主的碳排放，对总量和结构展开分析。

（2）因素分解分析——对数平均迪氏指数法（LMDI）。分解分析（decomposition analysis，DA）被用来定量分析不同因素变动对能源消费和二氧化碳排放的影响。分解分析分为指数分解方法（IDA）和结构分解方法（SDA）。对数平均迪氏指数法（LMDI）是一种指数分解法，具有完全分解、无残差、适应性强、易解释的特性，该方法的乘法分解与加法分解具有结果的一致性和唯一性的优点，因而被普遍认可并得到较广地运用。本书根据昂（Ang，2008）LMDI分解公式，在计算了农产品各部门和总体出口隐含碳的基础上，将农产品出口贸易隐含碳排放的影响因素进行分解，解析我国农产品出口隐含碳增长及变化的主要影响因素强度大小和正负方向。

（3）Malmquist–Luenberger 生产率指数方法。同时考虑经济增长与环境保护统筹兼顾，将污染排放纳入传统生产率测度框架中。将农产品出口贸易隐含碳排放看作一种不受欢迎的非预期产出，与预期产出农业生产总值以及农产品出口贸易额一同被生产出来，采用环境技术，在生产可能性集合中把非预期产出作为弱处置变量，在传统谢泼德距离函数和 Malmquist 指数的基础上，通过引入方向性距离，构建 Malmquist–Luenberger 指数并且可以将其分解为技术效率变动指数和技术进步变动指数两部分。本书采用 Malmquist–Luenberger 生产率指数方法利用面板数据测度中国各省域研究期间的农产品出口贸易的碳排放效率指数及其分解。

（4）面板数据计量经济学模型方法。利用省际面板数据，采用面板数据计量经济学模型方法，考察中国出口农产品隐含碳排放绩效的空间收敛性。

1.4.3 研究思路

第1章是绪论。介绍本书的研究背景、研究意义与目的，对国内外文献进行梳理，在此基础上提出问题，介绍本书的研究方法和内容框架。

第2章是国际贸易隐含碳理论分析。界定农产品出口贸易隐含碳的内涵并分析其特点。从环境禀赋与比较优势的关系角度建立贸易隐含碳排放理论模型，说明环境资源禀赋丰裕的国家将专业化于使用环境资源更多的产品，出口隐含碳密集型产品，反之亦然；同时，环境要素作为一种特殊的生产要素纳入 H–O 模型也会带来特殊性问题，因此，环境要素丰裕的国家考虑到低碳可持续发展的目标，在对待专业化生产与贸易上应更为慎重地权衡长远利益和当前利益。

第 3 章是中国农产品出口贸易与农业能源消费现状分析。分析了中国农产品出口贸易的增长和结构变动情况；农业能源消费规模、能源消费强度和能源消费结构；中国碳排放总量和人均碳排放量、中国二氧化碳排放强度和中国农业二氧化碳排放。

第 4 章是中国农产品出口贸易隐含碳排放总体测度及结构分析。采用单区域投入产出模型对 2001～2015 年中国农产品出口贸易隐含碳排放进行的总量测算和结构评估。分析农产品出口贸易隐含碳总量变化趋势并与工业产品出口贸易隐含碳进行比较；从农产品出口贸易隐含碳部门来源、能源分布以及技术系数分析其结构特征。

第 5 章是中国农产品出口贸易隐含碳排放的驱动因素分解。运用 LMDI 分解法，将中国农产品出口贸易隐含碳排放增长分解为规模效应、结构效应、技术效应三种因素的贡献，总体和分部门分析不同时间段各驱动因素影响的正负向及强弱大小。

第 6 章是中国农产品出口贸易隐含碳排放绩效评价。利用基于方向性距离函数的 Malmquist – Luenberger DEA 模型，在全要素分析框架下测算了中国 28 个省份农产品出口贸易隐含碳排放绩效指数及其分解，分析碳排放约束条件下我国地区间农产品出口贸易绩效之间的差异，探索其分布特征和变化趋势，并与传统 Malmquist 指数进行对比，探讨考虑碳排放成本与否会对农产品出口贸易效率的核算带来影响。

第 7 章是中国农产品出口贸易隐含碳排放绩效收敛性分析。利用空间收敛性检验分析全国不同地区的农产品出口隐含碳排放绩效在样本期间的趋同与发散情况即空间收敛性分析，考察是否存在落后地区的"追赶效应"以及收敛受什么因素影响等。

第 8 章是主要结论与政策建议。通过总结全书主要结论，提出相应的政策启示。

1.5 主要创新点

本书力求在以下几个方面有所创新：

（1）构建一个农产品出口贸易隐含碳排放研究的逻辑框架。从环境与贸易的关系理论出发，将环境因素纳入传统比较优势模型，建立国际贸易隐含碳排放理论模型。对中国农产品出口贸易隐含碳排放进行量化，分析其总量趋势、结构特征及其发展变化的影响因素，并对农产品出口隐含碳排放绩效进行评估，最后基于收敛模型，检验农产品出口贸易隐含碳排放的空间收敛性。从而定量分析出口带动下的农产品能源消费和隐含碳排放，评价农产品出口贸易与环境保护的协调性。

（2）采用投入产出技术对中国农产品出口贸易隐含碳排放进行总量测算和结构分析。纵向从时间维度上估算加入世界贸易组织后 15 年农产品出口贸易隐含碳排放总量和变化趋势，并与工业部门出口贸易隐含碳排放进行比较。横向从农产品出口贸易隐含碳的部门来源、能源分布等分析其结构特征。将出口农产品划分为高度碳排放密集型、中度碳排放密集型和低度碳排放密集型产品，为分析我国农产品出口商品结构提供了全新的视角。在此基础上，运用贸易开放的环境效应理论将我国农产品出口隐含碳的影响因素分解为规模效应、结构效应和技术效应。根据出口隐含碳排放的特征划分为三个阶段，对各农产品部门进行因素分解，探寻我国农产品出口隐含碳增加或减少的驱动力大小和方向，并与碳排放责任承担相结合,为国际碳排放责任划分提供新的现实依据。

(3) 对中国 28 省区农产品出口贸易隐含碳排放进行估算。并在此基础将农产品出口隐含碳排放、农产品出口贸易、绩效三者纳入统一分析框架,利用基于方向性距离函数的 Malmquist – Luenberger DEA 模型,在全要素分析框架下构建 Malmquist 二氧化碳排放绩效指数(MCPI),对碳排放约束下全国和各省份的农产品出口贸易效率进行实证分析。发现是否考虑碳排放成本,对农产品出口贸易绩效核算会产生较大影响。

第 2 章
国际贸易隐含碳理论分析

　　隐含碳可以视为载荷于商品中的环境禀赋，与其他资源禀赋一样，碳排放作为一种特殊的要素投入品，通过影响商品的比较优势对出口贸易产生影响。对国际贸易隐含碳的研究可以采用贸易与环境关系的理论来进行分析。本章在界定农产品出口贸易隐含碳的内涵及其特点的基础上，从环境禀赋与比较优势理论出发，将环境因素纳入传统国际贸易 H-O 模型，建立国际贸易隐含碳排放理论模型，从而说明环境资源禀赋丰裕的国家将专业化于使用环境资源更多的产品，出口隐含碳密集型产品，反之亦然。同时，环境要素作为一种特殊的生产要素纳入 H-O 模型也会带来特殊性问题，通过分析这些特殊性，论证了环境要素丰裕的发展中国家必须考虑低碳可持续发展的目标，在对待专业化生产与贸易上应更为慎重地权衡长远利益和当前利益。

2.1 农产品出口贸易隐含碳的内涵

2.1.1 隐含碳的定义

1974年国际高级研究机构联合会（International Federation of Institutes for Advanced Studies，IFIAS）能源分析工作组会议首次提出了隐含能（embodied energy）的概念，用以衡量某种产品或服务生产过程中直接和间接消耗的能源总量。艾伦（Allan，1997）将"embodied"概念用到了水资源研究当中，将生产某种产品或提供服务过程中直接消耗和间接消耗的水资源总量定义为"虚拟水"（virtual water），水资源匮乏的国家可以通过虚拟水贸易从富水国家进口水密集产品来缓解本国的水资源压力。在"embodied"后面加上资源或污染排放物的名称，如土地、水、劳动力、二氧化碳、二氧化硫，其本质都是一样，表示产品生产过程中污染的排放及对资源的消耗（Brown & Herendeen，1996）。由此形成"embodied"这一概念的扩展。这些概念均可以纳入统一的研究框架——"隐含流"（embodied flow），它们的共同之处是"隐含"（embodied），即一种虚拟流，均表示商品生产或服务提供过程中某种资源直接消耗和间接消耗的总量，都可以采用投入产出法计算。在国际贸易中，实际资源已经被消耗，污染排放和资源消耗并不随产品和服务的进出口贸易发生流动，而是留在了生产国内部。资源的消耗和污染排放作为留在商品和服务上的"烙印"，是隐含在商品和服务中"记忆"，仍会随着商品和服务进行跨国流动，这种流动有别于实际物质的真实流动，是一种虚拟的流动。

隐含碳（embodied carbon）是隐含流的一种，是和直接碳排放相对的概念。它不仅指产品本身所包含的直接二氧化碳排放，还包括产品中间投入、运输、使用和废弃过程中所产生的间接二氧化碳排放。由于社会分工的细化和中间投入环节的增加，生产某种最终产品涉及多个部门，隐含碳排放是纵向一体化生产中，产品从原材料、中间投入品、运输、销售等全程供应链上能源消费所引致的二氧化碳排放。在生产全过程中消耗的能源总量引致的二氧化碳排放总量。生产过程中直接或间接排放的二氧化碳已经随着能源的燃烧使用排放到大气环境中去，在国际贸易中不会随商品或服务在国与国之间发生真实的流动，但是在隐含流的框架下，直接和间接排放的二氧化碳承载于产品中随商品或服务在国家之间发生跨国流动。因而，从对外贸易的角度上来说，"隐含碳"和"转移排放"的含义大体相同。

隐含碳排放的"碳"与二氧化碳本质相同，区分仅是内含碳分子量的多少。由于碳的分子量是 12，二氧化碳的分子量是 44，因此 1 单位碳可以转换为 3.67 单位（44/12）二氧化碳。碳排放来源于商品生产或服务提供过程中使用到碳基能源，即化石能源的燃烧。根据《中国能源统计年鉴》，我国化石能源可划分为煤炭、焦炭、柴油、煤油、汽油、原油、燃料油、天然气这八类（由于电力属于二次能源，为了避免重复计算，许多研究都将不考虑电力带来二氧化碳排放）。各种能源与二氧化碳的关系可以通过各自的碳排放系数计算转换。化石能源产生的二氧化碳排放是本书研究的基点。大气中二氧化碳浓度增加的主要原因是人类生产活动大量开采使用化石燃料，由化石能源燃烧产生的温室效应占全部温室气体增温的 71%（汪素芹等，2012）。随着全球气候变暖，二氧化碳排放也成为焦点问题。从 1992 年巴西里约热内卢《联合国气候变化框架公约》到 1997 年《京都议定书》，再到 2009 年哥本哈根第十五次缔约方大会，节能减排和降低能耗成为世界各国必须承担的责任，二氧化碳等温室气体的控制减排不仅仅停留在气候变化问题本身，也成为国际政治经济关系的重要话题。

由于隐含碳的虚拟流动性特点，使得国际贸易中的商品流动变得复杂。根据比较优势理论，当一国某种环境资源充裕，该国会生产和出口该种资源密集型商品或污染密集度高的商品，相反，则进口这种产品。但是，由于隐含碳的存在，隐含在商品流后面的价值如果被忽视，则可能产生贸易扭曲。因为，国际贸易不仅涉及实物商品的真实流动，还形成了环境资源和碳排放的跨国转移。许多发达国家通过进口大量隐含较高环境负荷及能源消耗的产品来满足国内居民的消费需求，大量增加全球污染和碳排放总量，带来温室气体排放区位向贸易伙伴国的转移。对商品贸易所隐含的资源的直接投入和间接投入进行量化，并界定进口国与出口国的责任将对国际贸易具有重要影响。目前的国际协议主要是对二氧化碳排放源头进行规范，碳减排责任是按照排放的生产国而不是消费国来分配的，消费国通过进口碳排放密度较高的产品满足本国需求，而将碳排放转移至出口国，却不需要承担碳排放的责任，这样就造成了国际上的碳泄漏问题。这一部分隐藏在进出口贸易商品背后的碳排放容易被忽视，从而造成国际减排协议执行效率大打折扣。

2.1.2 农产品出口贸易隐含碳的界定

根据隐含碳的定义，本书在此界定农产品出口贸易隐含碳的定义为：

农产品在生产与出口过程中直接消耗能源产生的碳排放（如耕作、种植、烘干、收割及运输等过程产生的碳排放），和生产中投入的中间物质的生产而间接消耗能源产生的碳排放（如煤炭采掘、运输、利用全过程碳排放，中间投入品化肥、农药、农膜在生产、运输、施用全过程的隐含碳排放）。忽视对农用能源和农业工业投入品直接和间接碳排放的核算，将不能真实反映农业二氧化碳排放数量和结构特征（黄祖辉、米松华，2011）。

隐含碳概念主要应用于国际贸易中二氧化碳排放，其本质是碳的转移排放。农产品出口贸易隐含碳排放特指出口农产品生产、加工、运输、出口等全过程中产生的直接和间接二氧化碳排放总量及其由此带来的二氧化碳的转移排放。隐含碳排放来自农产品的种植、生产、加工、制造、运输等全过程中的能源消耗，不仅包括最终产品生产出口各环节的能源消耗，还包括生产中间投入品、化学品等的间接能源消耗。实际上，农产品隐含碳排放发生在出口国国内，并不随商品本身的出口发生转移，但由于虚拟流的特点，在隐含碳分析中仍把排放在出口国的二氧化碳看成商品载荷的碳排放，随商品流动而流动。因此，农产品的进出口贸易过程也是隐含碳转移的过程。从出口贸易的角度，如果一国以低碳农产品出口为主即农产品出口隐含碳较低，则说明二氧化碳转移排放较少，相反，如果一国以高碳农产品出口为主即农产品出口隐含碳较高，则说明二氧化碳转移排放较多。如果从静态角度来分析，转移排放少意味着碳泄漏的可能性小，而转移排放多意味着更大的碳泄漏可能性。

当各国环境规制出现差异，发达国家和发展中国家碳排放密集型农产品竞争力发生变化，如果一国采取较严厉的环境规制减少碳排放，该国可以通过从较宽松的环境规制国家进口农产品，从而将污染排放转嫁到出口国，引发碳泄漏。从全球碳减排的角度来看，发展中国家较发达国家农业技术落后，生产相同农产品往往消耗更多的能源、排放更多的二氧化碳，碳泄漏可能使得全球二氧化碳排放量整体上升。农产品出口贸易的碳泄漏问题可能会使得发展中国家改良农业生产技术和调整不合理的能源消费结构的进程延缓，增加对发达国家产生依赖性，最终对发展中国家农业可持续发展造成不利影响。

2.1.3 农产品出口贸易隐含碳的特征分析

2.1.3.1 以农业产业链为线条，纵向追溯农产品生产出口过程

非贸易领域中的农业碳排放通常与农业温室气体排放相连，一是从狭义种植业的角度进行分析，二是从广义大农业的视角考虑。碳排放的来源不仅包括农用能源和化学品引起的碳排放，而且还包括自然源排放的 CH_4、N_2O 和废弃物处理过程中产生的碳排放。研究时要先界定碳排放源，再根据碳排放系数，折算成二氧化碳排放量。这是一种基于宏观农业经济活动种类的核算体系，侧重于从横向碳排放的来源展开分析。如果碳源涵盖面不全，就会或多或少的对农业碳排放计算产生遗漏。

农产品出口贸易隐含碳有别于非贸易领域中的碳排放。农产品出口贸易隐含碳是从纵向深入追溯农产品生产加工链上全部的碳排放，以产业部门划分为基础，以各部门中间投入为线索，以部门产品为终端，核算农产品从源头到最终产品种植、加工、运输等全过程中的能源间接

消耗和直接消耗所引起的二氧化碳排放，或者称之为完全碳排放。是从纵向一体化方向考察某种出口农产品碳排放总量。随着农产品产业化、精细化发展以及农产品深度开发，农产品出口链不断延伸，农产品生产出口的中间投入不断增加，生产中大量投入化学品，使用机械化生产等，大大增加了中间各环节的间接碳排放。因此农产品出口贸易隐含碳比非贸易领域中一般方法计算的能源和中间投入品的碳排放要高。

2.1.3.2 以农用能源消费为基础，全面核算能源完全碳排放

伴随着农产品经济的增长，农产品生产、出口对化石能源的消费量不断上升。当前我国农产品生产对化石能源的依赖性持续增强，"石化农业"的现状没有根本性改变（戴小文，2014）。虽然通过农业技术创新、产业升级、制度改革、新能源开发等手段可以尽可能地减少生产中对煤炭、石油等高碳能源消耗的依赖，减少农业温室气体排放，但我国目前的能源消费结构仍是以煤炭为主，要达到对外贸易可持续发展和生态环境保护双赢的一种经济发展模式还有较长的路要走。根据《中国统计年鉴》，2015年我国能源消耗量高达429905万吨标准煤，煤炭消费占到能源消费的66%。农业生产中，农林牧渔业能源消耗量为8232万吨标准煤，农产品加工制造业能源消耗量为7713万吨标准煤，煤炭消费占能源消费的36%，化石能源消费占54.46%，风能、太阳能、生物质能等可再生能源利用率很低。与此同时，随着化肥、农药、农膜等工业投入品使用持续增加，生产、使用以及运输中都涉及大量的隐含碳排放，可以预测在将来较长的一段时间，能源消耗导致直接和间接碳排放始终是我国农产品碳排放最重要的来源。

农产品出口贸易隐含碳核算全部 8 类化石能源消费产生的隐含碳排放，较一般农业碳排放选择几种能源为代表计算碳排放更为全面、科学、合理。以 2012 年投入产出表行业分类为例，农产品出口隐含碳排放最多可以来源于 139 个不同的部门的 8 类化石能源的直接和间接消耗。不仅包括最常用的中间投入品如化肥、农药、农业专用机械设备的能源消耗，还包括煤炭开采、石油加工、金属制造、橡胶塑料制造等能源消耗。以投入产出表为线索对能源间接消耗产生的隐含碳核算，能够全面细致深入地分析产品生命周期全过程的能源载荷。

2.1.3.3 隐藏资源需求目的，构成农产品国际贸易重要动力

一般的污染排放分析是实际物质在自然界或经济系统中的流动，如农业生产过程中或者某一区域的碳的投入、储存与释放，研究的是真实物质资源的输入与输出，追踪物质从自然界到经济系统，再到废弃物排放到自然界中的过程，是一种物质流。污染排放发生后，不再随产品流动而流动，大多情况下，物质的消耗、污染物的排放没有纳入产品价值的核算体系，没有直接进入市场和生产过程，因此会产生环境的外部性问题。

农产品出口隐含碳虽然也是一种外部性体现，但是碳排放被看作农产品承载的资源随产品流动或转换而转移到其他产品中（陈红敏，2011），并通过出口贸易移动到其他国家或地区。随着全球气候变化和能源约束产生的全球碳排放权分配的争论，世界各国面临巨大的减排压力，根据比较优势理论，资源匮乏或者受碳排放权制约的国家将进口碳排放密集型农产品，从而间接进口稀缺的能源或碳排放权。隐藏在隐含碳背后的资源需求形成了农产品出口的重要动力，构成农产品国际贸易新的

源泉。传统的农产品竞争优势可能由于隐含碳的存在发生改变，如劳动密集型农产品的出口可能被资源密集型或资本密集型农产品出口所取代，一国农产品的出口规模和结构由此发生改变。换句话说，农产品出口贸易可能使处于快速工业化发展过程中的发展中国家农产品生产结构趋于碳排放密集型，而成熟的工业化国家的农产品生产结构的碳密集度下降。从某种意义来说，对农产品出口隐含碳排放量的分析是农产品国际贸易理论的补充与丰富，从全球环境约束的视角，农产品的贸易规模、结构不仅是比较优势的结果，也可能是贸易农产品背后隐含的能源、碳排放需求所致。

2.2 贸易隐含碳排放理论模型

2.2.1 环境禀赋的内涵

隐含碳排放量的多少取决于承载于商品中直接和间接能源消耗量，换言之，隐含碳的产生过程就是资源的消耗过程，因此，隐含碳可以视为载荷于商品中的环境禀赋。与其他资源禀赋一样，碳排放作为一种特殊的要素投入品，通过影响商品的比较优势对出口贸易产生影响。

碳排放的产生包含主观和客观两方面主要原因：一是生产和消费产品过程中的能源投入，这一过程的碳排放客观上是无法避免的，排放量的多少主要跟生产使用的能源品种（如清洁能源还是化石能源）和技术（生产技术和节能减排技术）有关；二是环境成本外在化，如果商品生产者和消费者不必对他们的生产行为或消费行为带来的污染排放承担费用和责任，则会主观上增加厂商或消费者加大碳排放的意愿，造成了环境外部不经济。环境成本外在化的重要原因是制度失灵。制度失灵分为市场失灵和政府失灵两种情况。市场失灵是指市场没有正确反映环境资源价格，或者没有计算环境成本，导致对环境资源的过度消耗；政府失灵是指制度体系内部的原因，由于政府部门的干预、制度的设定或管理造成价格远离市场最优价格，例如，对农产品采取保护政策造成的过度生产、对能源大户进行补贴造成的能源过度使用，产品的消费者所支付的价格低于产品的社会成本，部门扩大生产规模和加大能源消耗造成碳排放增加。"污染者付费"的原则在一定程度上实现了环境成本内在化。国际贸易中碳排放污染负担原则有三个：一是生产者负责原则，二是消费者负责原则，三是生产者和消费者共同负责原则。三种原则本质上与都是使环境成本即碳排放成本内部化。各国环境要素禀赋的不同决定了各国比较优势的差异。隐含碳的环境禀赋的来源主要包括以下几个方面：

（1）环境资源。主要指自然资源，尤其是不可再生资源，是人类可以从自然界直接获得并用于生产活动的物质（主要包括土地、水、生物、矿产、能源等物质）的丰裕或稀缺程度及其可更新程度。同时也指自然环境自净能力，对污染物的吸收能力。如果一国拥有丰裕的自然资源或自净能力，称之为环境要素禀赋丰裕国家，反之则为环境要素稀缺国家。按照国际贸易 H－O 理论，环境要素禀赋丰缺程度不同会对环境成本的高低产生不同的影响，环境要素禀赋丰裕的国家环境成本相对更低而成为环境资源型产品出口国，环境要素禀赋稀缺的国家由于环境成本更高而进口环境资源型产品。

(2) 环境保护技术。不仅包括对环境污染的技术处理能力还包括清洁生产技术和节能减排技术。清洁生产技术是一种生产效率提高与环境保护相结合、经济效益与环境效益并存的技术方式，从源头防止污染排放的产生，节约有价值的原材料，提高生产效率，从而带来更大的产出和收益。节能减排技术旨在节约物质资源和能量资源，减少废弃物和环境有害物排放，从生产、流通到消费的各个环节，降低能源消耗、减少损失，合理有效地利用能源。环境保护技术以技术进步和国家经济发展为前提。根据大卫·李嘉图理论，两国如果存在相对技术效率差异，必然会有不同的环境成本，从而形成专业化分工和相互贸易。

(3) 环境规制。一国为保持环境和经济协调发展而设定污染排放标准和各种环境管理制度。环境规制与要素禀赋、技术效率一样会影响一国的比较优势。严格环境规制的国家由于需要配备高标准的污染控制设备或需支付环境清洁费，导致产品环境成本升高，碳排放较高的产品在国际贸易中失去比较优势；相反，宽松环境规制的国家环境成本较低，在碳排放度较高的产品上赢得比较优势。由于发展中国家普遍环境规制较低，因此贸易模式通常为发展中国家生产和出口碳排放密集型产品，发达国家则成为这些产品的进口国。

以上三个主要因素总体决定了一国碳排放环境禀赋丰缺和环境成本多寡，使一国原有的以劳动、资本等要素为基础的比较优势发生了改变，形成新的比较优势。但是，环境禀赋导致的比较优势下的专业分工与贸易虽然使发展中国家获得短期贸易得利，但同时是以牺牲生态环境为代价，对能源等自然资源的过度开发、消耗和二氧化碳大量排放，使发展中国家不仅陷入竭泽而渔的境地，而且也面临巨大的碳减排压力。另外，发达国家通过设置碳关税、绿色贸易壁垒等新型贸易保护措施,限制发展中国家出口高碳排等污染密集型产品,仍然保持其在国际贸易中的主动权。

2.2.2 国际贸易隐含碳排放比较优势分析

隐含碳为载荷于商品中的环境资源投入,具有与劳动、资本等一般生产要素的共性:首先,隐含碳的产生来自能源的消耗,能源作为一种重要的农业生产投入,直接进入生产过程或者作为生产活动的载体,与其他生产投入品相结合,共同获得产出;其次,碳排放作为环境资源的载荷,环境成本的内部化使自然资源或环境要素的消耗变为有偿,能源等不可再生资源都是具有价值的商品,各国为了保护生态环境,对污染排放采取征收税费等措施;最后,环境要素与劳动、资本、技术等生产要素之间存在一定的替代关系,厂商可以根据利益最大化原则来进行投入要素组合选择。正是由于环境资源与一般生产要素的共性特点,使我们可以采用基于环境因素的比较优势理论解释出口贸易中隐含碳排放问题。

引入环境因素的 H–O 模型的假设前提是:假定 A、B 两国生产 1、2 两种商品,使用环境要素 E 和非环境要素 L 两种要素。设环境资源要素的价格为 r,非环境资源要素的价格为 w。a_{1E}、a_{1L} 分别表示 A 国生产每单位商品 1 所需要的环境要素投入和其他要素投入,a_{2E}、a_{2L} 表示生产每单位商品 2 所需要的环境要素投入和其他要素投入。满足条件 $\frac{r}{w} < \frac{r^*}{w^*}$ (用 * 符号表示 B 国该类变量),表示 A 国是环境禀赋相对丰裕的国家;

满足条件 $\dfrac{a_{1E}}{a_{1L}} > \dfrac{a_{2E}}{a_{2L}}$，$\dfrac{a_{1E}^*}{a_{1L}^*} > \dfrac{a_{2E}^*}{a_{2L}^*}$，表示商品 1 是碳排放密集型（环境密集型，使用环境资源更多）产品，商品 2 为非碳排放密集型（非环境要素密集型，清洁商品，使用环境资源更少）产品。

p_1 和 p_2 分别代表 A 国商品 1 和商品 2 的价格，p_1^* 和 p_2^* 分别代表 B 国商品 1 和商品 2 的价格。$\dfrac{p_1}{p_2} < \dfrac{p_1^*}{p_2^*}$，则 A 国在环境密集型商品 1 上具有比较优势，将出口商品 1，B 国在其他要素密集型商品 2 上具有比较优势，将出口商品 2。用 s 代表 A 国某种环境标准，例如，对碳排放征收税费，因为 A 国环境禀赋相对 B 国丰裕，因而有 $s < s^*$，由于 $\mathrm{d}p/\mathrm{d}s > 0$，因此有 $p_1(s) < p_1^*(s^*)$。说明环境资源禀赋丰裕的国家碳排放密集型产品的价格相对较低，从而出口环境密集型商品 1。如果 A 国由于大量出口商品 1，而导致国内二氧化碳排放大量上升，环境恶化，A 国政府将提高环境标准，例如，征收排污税等措施，则国内商品 1 的相对价格上升，比较优势下降，出口减少。

图 2-1 和图 2-2 说明了开展贸易前和开展贸易后引入环境因素的 H-O 的理论模型。图 2-1 显示 A、B 两国的生产可能性曲线，横轴表示商品 1 的产量，纵轴表示商品 2 的产量，显然，A 国的生产可能性曲线偏向碳排放密集型产品，B 国的生产可能性曲线偏向非碳排放密集型产品。假设两国有相同的消费偏好和需求结构，即无差异曲线同为 I。I 与 A 国的生产可能性曲线相切于点 C，与 B 国的生产可能性曲线相切于点 C'。切点 C 和 C' 是贸易前的两国各自的生产均衡点和消费均衡点。A 国碳排放密集型商品 1 与非碳排放密集型商品 2 的生产组合点为 (Q_1, Q_2)，B 国两种商品的生产组合点为 (Q_1^*, Q_2^*)。A 国面临的相对价格

比为 $\frac{p_1}{p_2}$，由斜线 p 表示；B 国的相对价格比为 $\frac{p_1^*}{p_2^*}$，由斜线 p^* 表示；$p < p^*$，前者的斜率小于后者。A 国在商品 1 上具有比较优势，而 B 国在商品 2 上具有比较优势。进行贸易以后，如图 2-2 所示，两国面临共同的世界价格比 $p^w = \frac{p_1^w}{p_2^w}$，$\frac{p_1}{p_2} < \frac{p_1^w}{p_2^w} < \frac{p_1^*}{p_2^*}$，A 国扩大生产碳排放密集型商品 1 的生产，放弃一部分非碳排放密集型商品 2 的生产，生产组合点为（Q_1'，Q_2'），B 国扩大非碳排放密集型产商品 2 的生产，放弃部分商品 1 的生产，生产组合点为（Q_1^*，Q_2^*）。两国贸易后的消费点达到共同的无差异曲线 I'，B 国从 A 国进口商品 1，进口量用线段 GE 表示；A 国向 B 国出口商品 1，出口量为 KD。有 GE = KD，A 国的出口的隐含碳密集型商品量正是 B 国的进口的隐含碳密集型商品量。

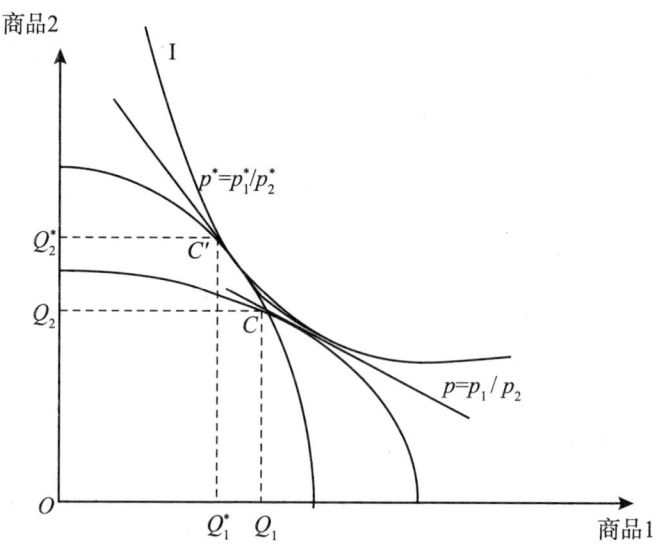

图 2-1　开展贸易前引入环境因素的 H-O 的模型

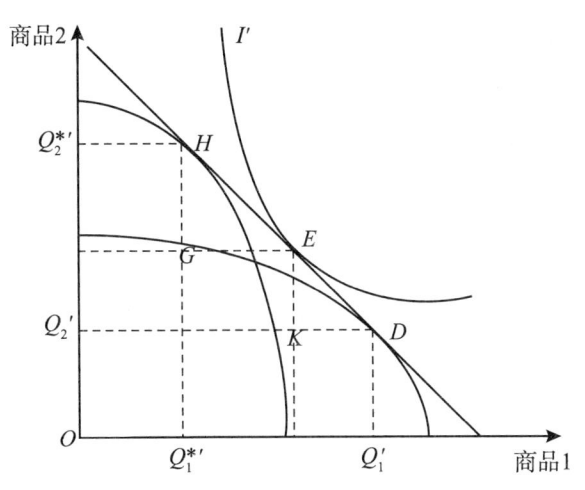

图 2-2　开展贸易后引入环境因素的 H-O 的模型

2.2.3　国际贸易隐含碳排放比较优势的特殊性

引入环境因素的 H-O 模型与传统 H-O 模型相似，能够解释为什么环境资源丰裕的国家专业化生产和出口隐含碳排放密集型产品，相反，环境资源稀缺的国家进口该类产品。但是，基于环境要素禀赋形成的国际贸易模式具有可持续性吗？由此形成的专业化分工和国际贸易会给环境资源丰裕国家带来真实的贸易获利吗？这需要进一步分析国际贸易隐含碳排放比较优势的特殊性问题。环境要素作为一种特殊的生产要素纳入 H-O 模型会带来一些特殊性问题。一是环境要素投入增加的同时不仅会带来商品产量的增加，也会带来污染排放的增加，而且污染的产出比产量的产出的增长速度更快；二是环境要素作为自然资源存在获取的约束性问题，无法与其他生产要素一样以相互较高程度的替代达到增加产量的目的（李国平等，2004）；三是由于环境规制的存在，使得环境禀赋下的比较优势与现实发生偏离，产生贸易的扭曲。

2.2.3.1 环境要素排放函数

传统 H-O 理论 2×2×2 模型，是以两商品部门的经济系统为基础，假设只有两种产出。而在基于环境要素的 H-O 模型中，环境资源作为生产要素投入，不仅会带来合意产出即产品的产量增加，也会带来非合意产出即污染排放。要素的生产函数和排放函数具有不同的特征，增加了 H-O 的复杂性。

基于环境禀赋的 H-O 模型中，产量是环境要素 E 与其他要素 L 的函数，根据生产要素的边际生产率递减规律，生产函数凸向原点，如图 2-3 所示。

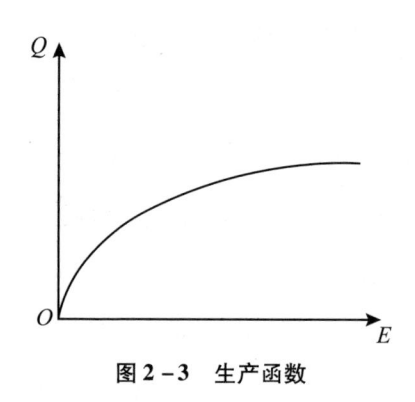

图 2-3 生产函数

碳排放密集型商品 Q 的生产函数可表示为：

$$Q = F(E, L), \quad F' > 0, \quad F'' < 0 \tag{2.1}$$

随着生产和出口的增加，碳排放密集型商品的隐含碳也会不断增加。其产量 Q 与隐含碳排放量 C 的关系可以用排放函数表示：

$$C = H(Q), \quad H' > 0, \quad H'' \geq 0 \tag{2.2}$$

根据排放函数的性质，在一定技术条件下，隐含碳排放量 C 随生产量 Q 的增加而增加：$H'' = 0$ 表示隐含碳的数量随产出的增加而等比例地增加；$H''>0$ 表示隐含碳的数量随产出的增加而递增地增加。图 2-4 显示，线性函数和凸函数分别表明增速不变（$H''=0$）和递增（$H''>0$）两种情况（鲁传一，2004）。

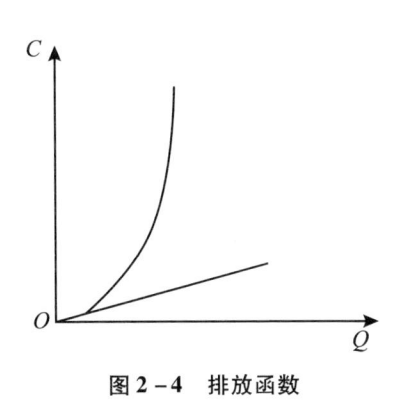

图 2-4 排放函数

将式（2.1）和式（2.2）相结合，可得复合隐含碳排放函数，隐含碳排放量是投入要素的函数：

$$C = H(Q) = H[F(E, L)] = V(E, L) \qquad (2.3)$$

对排放函数 V 求环境要素 E 的一阶偏导，

$$V'_E(E, L) = H'(F)F'_E \qquad (2.4)$$

$\because F'>0, H'>0 \quad \therefore V'_E>0$

令 γ 与 λ 为商品 1 生产过程中合意产出商品产量与非合意产出隐含碳排放量的比例，根据质量守恒原来来理解生产函数，则有：

$$\gamma Q + \lambda C = E$$

$$C = \frac{1}{\lambda}E - \frac{\gamma}{\lambda}Q$$

$$C = \frac{1}{\lambda}E - \frac{\gamma}{\lambda}F(E, L) = V(E, L)$$

因此，$V'_E(E, L) = \left[\frac{1}{\lambda}E - \frac{\gamma}{\lambda}F(E, L)\right]'_E = \frac{1}{\lambda} - \frac{\gamma}{\lambda}F'_E$

$$V_E''(E, L) = \left(\frac{1}{\lambda} - \frac{\gamma}{\lambda}F_E'\right)' = -\frac{\gamma}{\lambda}F_E''$$

$\because \gamma、\lambda > 0,\ F'' < 0\ \therefore V_E'' > 0$

证明得环境要素的排放函数 $V(E, L)$，有 $V_E' > 0$，$V_E'' > 0$。

至此证明排放函数 $V(E, L)$ 是严格凸性函数，随着环境要素投入的增加，隐含碳排放也增加，而且以递增的方式增加。隐含碳排放是环境要素的副产品，随着环境要素的增加，商品1产量 Q 递减地增加，隐含碳排放数量 C 递增地增加。换句话说，为了增加产出满足出口，环境要素投入的特殊性使得隐含碳排放作为副产品以超过产出的速度更快地增长。造成资源过度开发、环境迅速恶化的一系列问题。因此，为了社会的可持续性发展，以环境禀赋为比较优势，以环境要素作为密集使用的生产要素参与专业化分工与国际贸易要慎重。

2.2.3.2 环境要素有限替代性

在传统H-O模型中，本国生产和出口某种相对要素密集型产品需要大量投入该种密集使用的生产要素，一是由于商品生产本身受较高的要素比影响（该要素与其他要素之比更高），二是两国发生贸易后，增加了该种要素密集型产品生产并减少了其他要素密集型产品生产。因此，某种要素禀赋相对丰裕型国家对该种要素的需求更大。这意味着开展贸易以后，环境禀赋丰裕的国家将更依赖于获取环境资源以出口商品。要增加某种要素密集型产品的产量，需要更多地增加该种要素的投入。在H-O两要素模型假设中，两种要素之间构成一种替代，只在要素的供应范围内，生产要素之间的相互替代不受约束。简而言之，由于一般生产要素的可替代性，可以通过一种要素对另一种要素的替代而使任何一种

第2章 国际贸易隐含碳理论分析

商品都增加。

但是环境要素 E 受到生态环境承载阈的刚性约束,其供给是有限的。随着环境要素投入的增加,环境要素与一般要素之间的替代会变得非常有限(李国平等,2004)。长期内,自然资源与其他资本之间具有弱可替代性甚至不可替代的关系(Gerlagh & Zwaan, 2002)。这就意味着环境资源型商品无法像普通商品一样,通过大量增加环境要素的投入而达到增加产量和扩大出口的目的。环境要素的获取要以自然界的承载力为限,考虑贸易与环境的协调发展,当环境资源被过度开发利用,大量污染排放产生,环境成本将变得无限大,与其他生产要素的替代关系为零。

反映在图 2-1 和图 2-2 上,如果不存在环境要素的约束,则 A 国为了满足商品 1 的出口需求,生产点由点 C 变到点 D,碳密集型商品 1 生产增加 KD;但是由于环境要素的刚性约束,不可能大量地投入环境资源要素 E 替代非环境要素 L 而使商品 1 的生产和出口增加。环境要素与其他要素间具有不可完全替代性,生产点可能无法到达点 D,或者到达点 D 是以超越环境承载阈值为代价。要获得更多的碳排放密集型商品 1,必须要减少非碳排放密集型商品 2 的生产,体现在生产可能性曲线上,表现为顺着生产可能性边界线下移。由于商品 1 是环境密集型产品,生产中需密集使用环境资源,因此随着碳排放密集型商品 1 的生产的增加,将需要投入大量的环境资源禀赋。根据上文的结论,大量的环境资源投入在带来产量增加的同时,会带来更多的污染排放,产量以减速增长的同时污染排放增速增长。这种发展模式显然对发展低碳经济,应对当前国际碳减排压力不利。因此,环境要素丰裕的发展中国家,面对由环境禀赋带来的比较优势和国际分工,要更审慎地权衡长远利益和当前利益。

2.2.3.3 环境规制使要素价格偏离现实

根据 H-O 理论，A 国两种商品的价格可以表示为要素价格的组合：

$$p_1 = a_{1E}r + a_{1L}w \tag{2.5}$$

$$p_2 = a_{2E}r + a_{2L}w \tag{2.6}$$

商品的价格取决于要素的价格，反过来，商品价格的变动又会使得要素的价格发生变动。对于劳动、资本、土地等一般要素，要素价格即要素报酬主要由市场供求关系决定，丰裕的生产要素价格便宜，稀缺的生产要素价格昂贵。贸易后，商品相对价格的提高会提高该商品生产中密集使用的要素的报酬。而环境作为自然资源这种特殊的生产要素，其报酬并不像资本、劳动一样取决于市场供求，由于自然资源绝大部分属于公共物品，产权界限不清，政府通过对环境排污者征收税费等环境成本内在化手段，消除外部性，弥补环境损失。如果一国政府采取较严格的环境规制、实施较高的环境标准，则排污者承担的环境成本较高，环境要素的价格较高，反之则反是。环境要素的现实价格是由政府单方确定的，环境要素价格在性质上不再是要素的报酬。

除了受到本国环境规制的影响外，环境要素的现实价格也受到进口国环境政策的影响。当进口国采取严厉的环境标准或贸易壁垒等措施限制本国碳排放密集型产品的出口，A 国原有的环境要素成本将大大提升，原有的要素价格优势将被抵消。

因此环境要素的价格不是由普通生产要素的价格决定，更多是国内外政策所决定，是一种人为行为和管理手段，因而往往容易与现实发生

第2章 国际贸易隐含碳理论分析

偏离,产生扭曲。

本书在图2-5中描述了A国要素价格发生偏离的情况分析。横轴表示A国环境要素价格r,纵轴表示非环境要素价格w。根据前文假设,由于商品1是环境密集型,满足条件$\frac{a_{1E}}{a_{1L}} > \frac{a_{2E}}{a_{2L}}$,因此图2-5中商品1的要素组合线比商品2的线陡。贸易前,由式(2.5)和式(2.6)决定的要素组合点为点1(r_1, w_1);贸易后,环境要素密集型产品的价格相对上升,从p_1外移到p_1',要素价格的均衡点从点1移动到点2,商品1的比较优势下降。根据比较优势理论,本国出口要素密集型产品使得密集使用的要素r的价格上升,而较少使用的要素w的价格下跌。具体则应该由r_1上升到r_2,w_1下降到w_2。然而,由于受到本国政策的限定,环境要素的价格不随市场发生改变,不随商品的价格发生改变,仍然保持在r_1的较低的水平,因此新的要素价格的组合点的位置在点3,经点3做平行于p_1(也平行于p_1')的商品1的价格线p_1'',p_1''到p_1'之间的水平距离则为A国采取环境规制产生的商品1与现实的价格偏离。所以,其表现出来的碳排放密集型商品1的"比较优势"不是减小了,反而增加了。A国若继续增加碳排放密集型商品的生产与出口,环境要素价格将进一步与真实水平相偏离。由于本国环境标准较低,付出环境成本较低,因而"获得了"环境要素比较优势;反过来,按照这种比较优势进行的专业化生产和贸易模式,必然导致大量环境资源的开发和使用,造成污染排放和生态恶化、甚至资源枯竭等问题。而这种福利损失往往又无法反映在国民经济统计中。进口国则通过以较低价格进口隐含碳密集型产品,维护了自身的生态环境,福利增加。

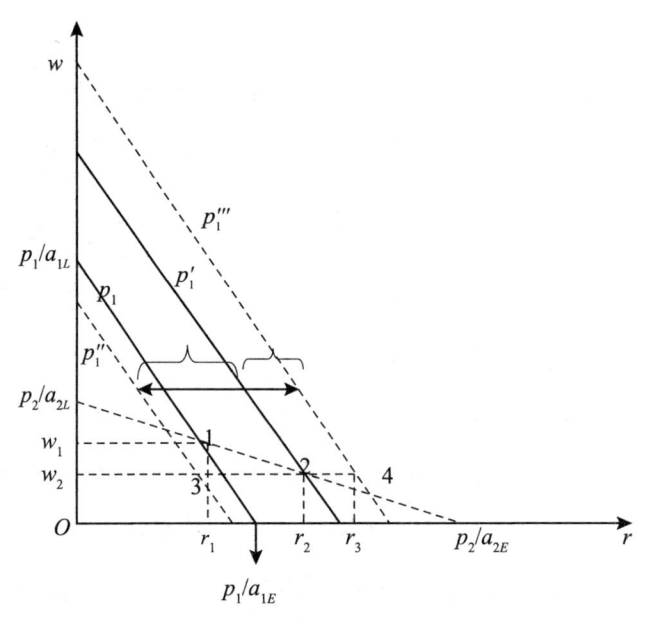

图 2-5 环境要素价格的偏离

另一种情况则相反，当国外为了限制本国出口商品 1，采取严苛的环境规制等贸易壁垒，会增加本国为获取环境要素的代价，环境要素成本上升，环境要素的价格提升到 r_3，此时的要素价格组合点位置在点 4，经点 4 做平行于 p_1（也平行于 p_1'）的商品 1 的价格线 p_1'''。p_1''' 到 p_1' 之间的水平距离则为进口国 B 采取环境规制产生的商品 1 与现实的价格偏离，本国原有的比较优势由于 B 国采取绿色壁垒等环境管制措施而抵消。所以，其表现出来的碳排放密集型商品 1 的"比较优势"减小得更多了。

2.3 本章小结

构建贸易隐含碳排放理论模型，从理论上说明出口贸易隐含碳存在的原因及特殊性。隐含碳为载荷于商品中的环境资源投入，具有与劳动、资本等一般生产要素的共性，因此将环境作为一种独立而完整的生产要素引入 H-O 模型，用以解释国际贸易中的碳排放转移：环境资源禀赋丰裕的国家将专业化于使用环境资源更多的产品，出口隐含碳密集型产品，而环境禀赋稀缺的国家将专业化于对环境的需求较少的产品，进口隐含碳密集型产品。

但是环境要素作为生产要素纳入 H-O 模型会带来一些特殊性问题。一是环境要素投入增加的同时不仅会带来商品产量的增加，也会带来污染物排放的增加，由于排放函数的凸性特点，污染物的产出比产量的产出的增长速度更快；二是环境要素的有限替代性，大量污染物排放产生，环境成本将变得无限大，与其他生产要素的替代关系为零；三是环境规制使要素价格偏离现实，产生贸易的扭曲。因此，环境禀赋导致的比较优势下的专业分工与贸易，虽然使发展中国家获得短期贸易得利，但同时是以牺牲生态环境为代价，对能源等自然资源的过度开发、消耗和二氧化碳大量排放，使发展中国家陷入竭泽而渔的境地。

第 3 章
中国农产品出口贸易与农业能源消费现状分析

  农产品出口贸易的持续增长是驱动农业经济发展的重要动力之一,然而,随着农业生产中煤炭、柴油、电力等能源的大量消耗以及化肥、农药、农膜等工业投入品的持续增加,我国农产品出口贸易中涉及大量的隐含碳排放。有学者指出,作为农产品贸易大国,尽管中国农产品贸易为逆差,但却是农产品贸易碳排放的净出口国。本章从中国农产品出口贸易和农业能源消费展开现状分析,包括中国农产品出口贸易的增长和结构变动情况,农业能源消费规模、能源消费强度和能源消费结构,中国二氧化碳排放总体情况和农业二氧化碳排放。

第3章
中国农产品出口贸易与农业能源消费现状分析

3.1 中国农产品出口贸易现状分析

3.1.1 农产品出口贸易增长

3.1.1.1 农产品出口规模不断扩大

改革开放以来,中国农产品出口贸易持续扩大,图3-1显示,1990年出口额为100.6亿美元,2015年达682.32亿美元,增长近7倍,年均增长率为7.96%,总体来看,25年间中国农产品出口贸易呈稳定增长态势。

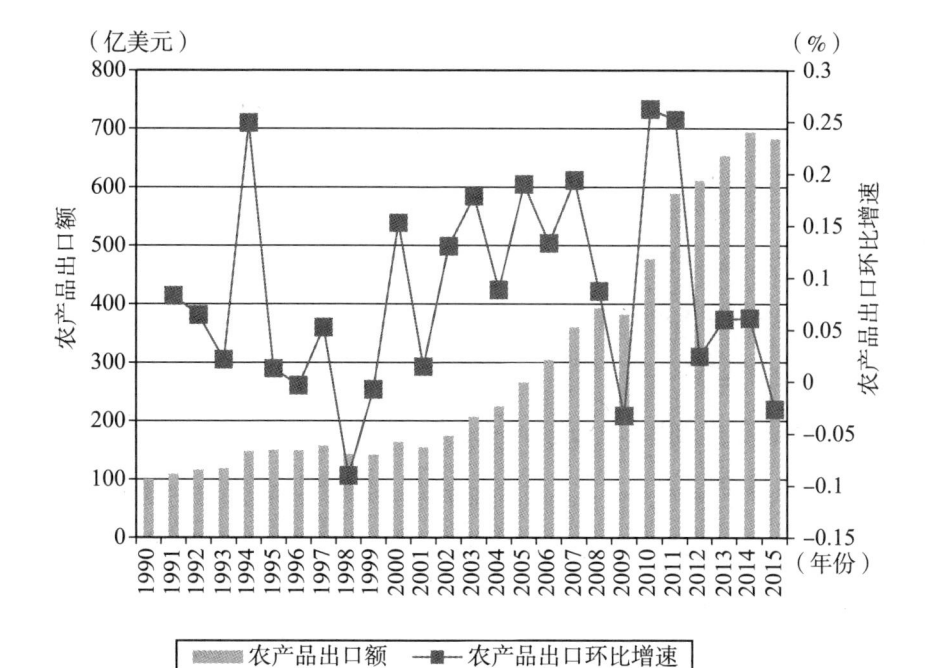

图3-1 中国农产品出口额及环比增速

资料来源:联合国贸易数据库(UNCOMTRADE)。

期间，受两次金融危机和世界经济低迷影响，农产品出口贸易出现下挫。一是1997年亚洲金融危机，1998年和1999年农产品出口贸易出现滑坡，1998年出口额为143.14亿美元，1999年为142.09亿美元，环比下降9%和0.7%，但2000年迅速恢复，且随后几年连续增长，到2008年达392.88亿美元；二是2008年世界经济危机，2009年农产品出口额再次下滑10亿美元左右至382.12亿美元，下降3.32%，但随后两年大幅反弹，2010年和2011年分别出口476.94亿美元和589.14亿美元，环比增长26.47%和25.2%。2015年略有降低。

3.1.1.2 农产品贸易持续逆差，外贸比重下降

图3-2显示，1995年之前，中国农产品出口始终大于进口，农产品贸易处于稳定的顺差状态，农产品贸易顺差额约占总贸易顺差的1/3，农产品出口创汇构成我国外汇收入的重要部分（何秀荣，2002）。1995年以后，农产品贸易净出口额出现转变，1995~1996年连续两年出现逆差，虽然1997~1999年继而转为顺差，但是顺差额大大减少，农产品贸易顺差额占总贸易顺差的不到4%，农产品贸易不再是出口创汇的重要来源。自2000年开始，尽管出口贸易仍然增长，但进口增长大大超过出口，中国由农产品贸易顺差国转变为逆差国，而且这种逆差日益扩大，由2000年逆差31.6亿美元增加到2015年的872亿美元，逆差年增长率达24.75%。当前，农产品贸易长期逆差已经成为一种常态，农产品贸易成为用汇大户。

第 3 章
中国农产品出口贸易与农业能源消费现状分析

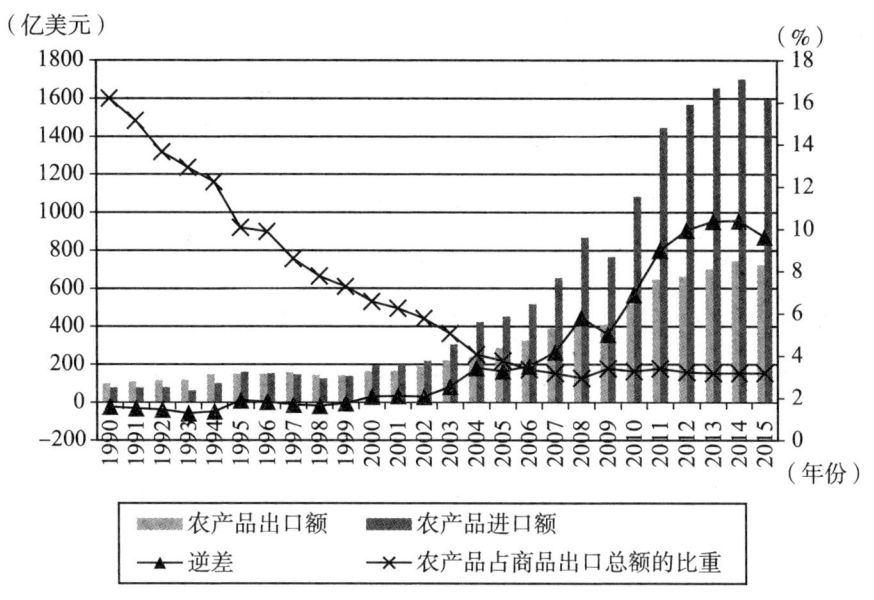

图 3-2　1990~2015 年中国农产品贸易逆差及占商品出口总额比重

资料来源：WTO 数据库。

尽管农产品出口快速发展，但随着中国外贸总规模急速扩大，农产品出口在中国外贸出口总额中的比重呈下降趋势。20 世纪 80 年代，中国农产品出口在商品出口结构中占到 30% 左右，经过 30 多年的发展，中国已经转变为一个非农产品出口居绝对优势的国家。由图 3-2 可知，1990 年农产品出口贸易占中国总出口额的 16.2%，2000 年降至 6.57%，2015 年仅为 3.19%。而在世界农业大国的贸易结构中，农产品出口仍然占较高比重，例如，2015 年新西兰农产品出口占 59%，智利 39%，巴西 32%，澳大利亚 26%，泰国 17%，加拿大 13%，美国 10%。虽然以贸易差额和出口比重来衡量的中国农业贸易相对地位在不断下降，但农业贸易对中国农业经济增长和人民生活水平提高仍然发挥着积极的作用。

3.1.1.3　中国农产品出口在世界的地位增强

图 3-3 显示，中国是全球最大的农产品生产国和消费国之一，也是

世界主要的农产品贸易国（程国强，2004）。据 WTO 的统计，中国在 1990~2010 年，基本保持世界第五大农产品出口国地位。从 2011 年开始成为世界第四大农产品出口国，农产品出口额为 646.13 亿美元。2015 年世界农产品出口额为 15683.37 亿美元，中国出口额 725.32 亿美元，占世界农产品出口额 5%，仅次于欧盟（5834.58 亿美元）、美国（1607.97 亿美元）和巴西（800 亿美元）。世界农产品出口国位列第 5~10 位的国家分别是加拿大、印度尼西亚、泰国、澳大利亚、阿根廷、墨西哥。图 3-4 为 1990~2015 年世界主要农产品贸易大国的出口世界占比，中国在世界农产品出口额的比重不断攀升，从 1990 年的 2.43% 上升到 2001 年的 3.01%，2015 年已经增加到 4.62%。2000~2015 年世界农产

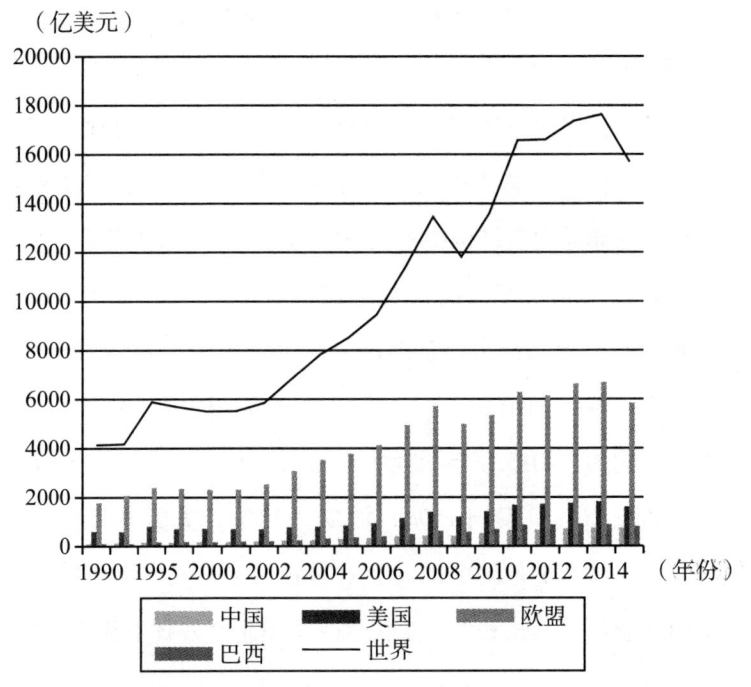

图 3-3 1990~2015 年主要年份世界及四大农产品出口国出口额

资料来源：WTO 数据库。

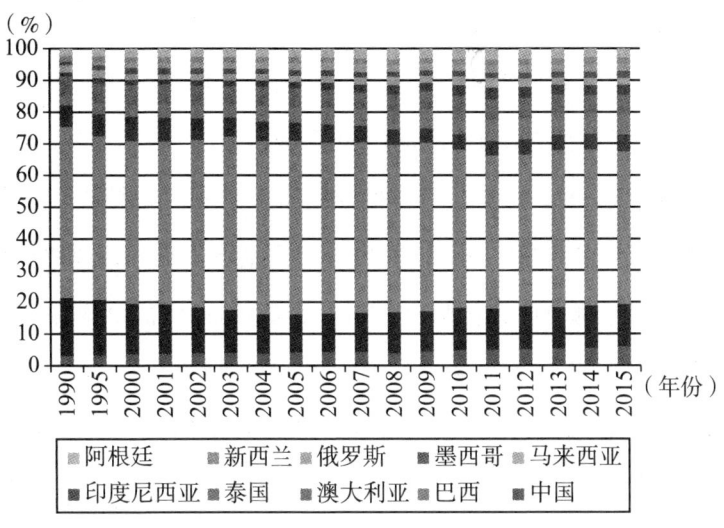

图 3-4　1990~2015 年世界农产品大国出口份额

资料来源：WTO 数据库。

品出口额年均增长率为 7.23%，年均增长率超过 10% 只有 3 个国家，都是发展中国家，分别是巴西 11.58%、印度尼西亚 11.51%、中国 10.43%。由此可见无论是出口比重还是增长速度，中国在世界农产品出口贸易中发挥越来越重要的作用。

3.1.2　农产品出口结构变动

3.1.2.1　商品结构

由表 3-1 数据显示，长期以来水产品是中国第一大类出口农产品，在出口农产品中占有绝对优势，1998 年出口额为 29.63 亿美元，占农产品出口总额的 22%，2015 年出口额为 213.33 亿美元，占农产品出口总额的 31%，年均增长率 12.31%。其次为园艺产品，2015 年出口额为

184.72 亿美元，占农产品出口总额的 27%。2005 年农产品加工品出口额为 48.54 亿美元，超过粮油产品（32.91 亿美元）、畜产品（20.92 亿美元），成为第三大主要出口农产品，2015 年出口额达 125.04 亿美元，占农产品出口总额 18%。粮油产品和畜产品作为我国传统出口主导农产品，出口额较稳定，变化不大，但出口比重呈下降趋势，说明传统大宗农产品在国际竞争中比较优势逐渐变弱，如粮油产品 1998 年出口额为 26.84 亿美元，2015 年为 44.82 亿美元，1998 年出口额占比为 20%，2015 年下降至 7%，畜产品 1998 年出口额为 19.37 亿美元，2015 年上升至 34.27 亿美元，但是占农产品出口总额的比重从 14.5% 降低到 5%。饮料及烟草制品无论是出口额还是出口份额都变化不大，1998 年为 10.69 亿美元，2015 年达 37.88 亿美元，占农产品出口总额的比重始终保持在 5% 上下浮动。糖制品和饲料等农产品制造品的比重呈上升状态。

表 3 – 1　　　　　　　中国农产品出口商品结构　　　　单位：亿美元

农产品	1998 年	2000 年	2005 年	2008 年	2010 年	2013 年	2015 年
粮油产品	26.84 (20%)	27.42 (18.5%)	32.91 (12.4%)	39.18 (10%)	35.14 (7.3%)	46.56 (7.1%)	44.82 (7%)
畜产品	19.37 (14.5%)	18.98 (13%)	20.92 (8%)	27.01 (7%)	28.11 (6%)	37.69 (5.77%)	34.27 (5%)
园艺产品	25.73 (19.3%)	25.89 (17%)	53.05 (20%)	84.04 (21%)	127.40 (26.7%)	158.04 (24.18%)	184.72 (27%)
水产品	29.63 (22%)	41.52 (28%)	87.46 (29.7%)	113.15 (28.8%)	146.86 (30.8%)	215.09 (33%)	213.33 (31%)
饮料及烟草	10.69 (8%)	8.23 (5.5%)	13.70 (5.2%)	18.12 (4.6%)	22.32 (4.8%)	30.49 (4.66%)	37.88 (6%)
制糖品	1.83 (1.37%)	1.73 (1.3%)	4.20 (1.6%)	6.82 (1.74%)	10.62 (2.2%)	14.52 (2.22%)	15.63 (2%)

第3章
中国农产品出口贸易与农业能源消费现状分析

续表

农产品	1998年	2000年	2005年	2008年	2010年	2013年	2015年
饲料	1.90（1.41%）	2.52（1.7%）	4.80（1.8%）	16.41（4.18%）	19.62（4%）	27.34（4.2%）	26.64（4%）
其他农产品加工	17.98（13.42%）	22.23（15%）	48.54（18.3%）	88.14（22.44%）	86.87（18.2%）	123.93（18.96%）	125.04（18%）

注：粮油产品包括HS编码10、11、12、15；畜产品包括HS编码1、2、5；园艺产品包括HS编码6、7、8、9、13、14；水产品包括HS编码3、16；饮料及烟草包括HS编码18、22、24；制糖品为HS编码17；饲料产品为HS编码23；其他农产品加工产品包括HS编码4、19、20、21。

资料来源：根据联合国贸易统计数据库（UNCOMTRADE）数据计算得到。

总体来看，劳动密集型农产品仍然是我国主要的出口农产品，1998~2015年，水产品和园艺产品占农产品出口的半壁江山，并且继续上升，2015年两者占农产品出口比重之和高达58%。而资源型农产品出口比重略有下降，由1998年的40%降低到17%（粮油产品、畜产品、饮料及烟草）。农产品加工制出口比重逐年上升，由1998年的16%增加到2015年的25%，成为出口农产品新的增长点。

具体来看，根据世界粮农组织的统计数据及其产品分类，如图3-5所示，中国2013年出口金额前10位农产品包括：农业原料（5151293美元）、食品制品（3042184美元）、水果及其制品（2062366美元）、鲜或冷藏蔬菜（1657349美元）、大蒜（1397396美元）、肉类及鸡肉及其罐头制品（1296032美元）、茶叶（1246308美元）、苹果（1029866美元）、西红柿及西红柿酱（983257美元）、大豆及干豆（964327美元）；出口数量居前十位的基本相同，如图3-6所示，分别是：大蒜（1625938吨）、食品制品（1433261吨）、水果及制品（1250116吨）、糕点及黄豆（1066951吨）、苹果（994664吨）、鲜或冷藏蔬菜（990825吨）、西红柿及西红柿酱（985213

吨)、食品工业废料(939457 吨)、大豆及干豆(799918 吨)、冷冻蔬菜(790508 吨)。与其他农产品出口额都增加的情况相反,谷物类产品出口额大幅降低,从入世前在农产品出口额中高居前三位跌落出前十位。

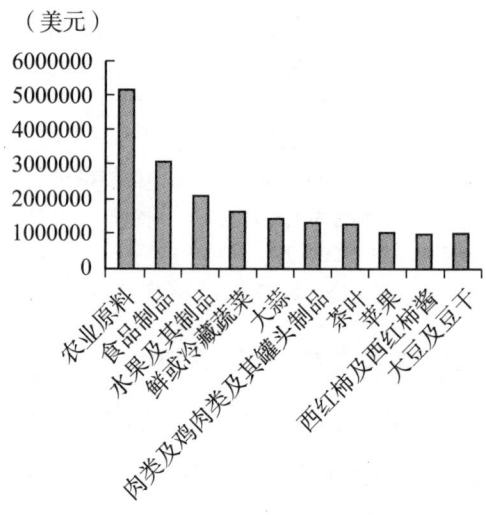

图 3-5 2013 年出口额前十位农产品

资料来源:世界粮农组织数据库(FAOSTAT)。

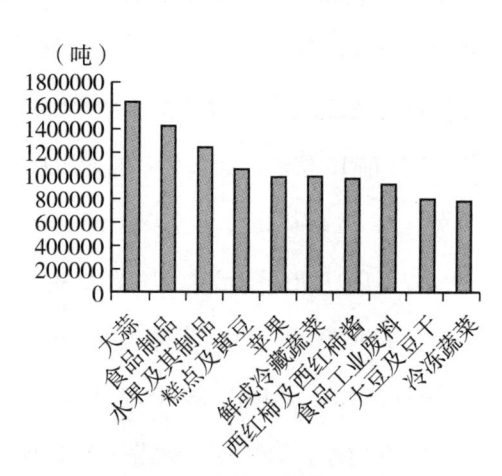

图 3-6 2013 年出口量前十位农产品

资料来源:世界粮农组织数据库(FAOSTAT)。

3.1.2.2 地区分布结构

从国内出口地区分布来看,中国农产品出口主要集中在东部地区。中部和西部出口规模相对较小。2013年,东部地区农产品出口额为5135372.8万美元,占全国农产品出口总额的76%,各省份农产品出口平均值为466852万美元;中部地区农产品出口382776.9万美元,占全国农产品出口总额的6%,各省份农产品出口平均值为76555万美元;西部地区农产品出口1186140.5万美元,占18%,各省份农产品出口平均值为91241万美元。可见,从地域分布来看,出口贸易格局极其不均衡,东部地区是中部地区的12.6倍,是西部地区的4.2倍。

表3-2数据显示,1994年,只有广东、山东、吉林出口额突破10亿美元。2005年突破10亿美元的省份上升到7个,包括北京、辽宁、江苏、浙江、福建、山东、广东,全部为东部地区省份。2013年突破10亿美元的省份有山东、福建、广东、浙江、辽宁、江苏、上海、河北、北京、天津、湖北、河南、广西、山西、吉林、安徽、四川、云南,东部省份除海南外,全部属于10亿美元以上出口地区,中部地区(湖北、河南、山西、吉林、安徽)较西部地区(广西、四川、云南)出口10亿美元以上的多。其中山东突破100亿美元。山东是我国第一农业出口大省,其余前10位的省份依次为福建、广东、浙江、辽宁、江苏、云南、湖北、上海、广西。东部地区7个,中部地区1个,西部地区2个。2013年,山东占农产品出口总额的22.68%,福建占12.27%,广东占12.13%,浙江占7.73%,辽宁占7.65%,江苏省占4.72%。

1994~2013年,东部地区农产品出口增长速度为8.6%,中部地区增长速度为4.6%,西部地区8.15%。山东不仅是全国农产品出口规模最大地区，而且也是农产品出口增长速度最快的地区，年均增长率高达 14.33%。山东从 2000 年开始超过广东，成为我国第一大农产品出口省份。

表 3-2　　1994 年、2005 年和 2013 年各地区农产品出口额　单位：万美元

地区		1994 年	2005 年	2013 年
东部地区	北京	28599	117120	129267.6
	天津	31245	51953	100887.3
	河北	41289	77985	161361.1
	辽宁	78199	216162	512666
	上海	58537	88959	180104.7
	江苏	50141	104177	316153
	浙江	59414	245034	518559.8
	福建	74486	196140	822908.5
	山东	119232	689818	1520529
	广东	247325	357552	813112
	海南	5386	14762	59823.8
	东部平均	72168	196332	466852
中部地区	山西	8786	3769	11017.1
	吉林	109873	85707	121721
	黑龙江	54363	61741	89772.8
	安徽	17914	33317	112321.4
	江西	10251	13082	47944.6
	河南	26510	40925	138313.9
	湖北	22420	30759	188933.8
	湖南	26925	27813	88396.9
	中部平均	40237	39523	76555

续表

地区		1994 年	2005 年	2013 年
西部地区	内蒙古	13176	28925	35258.5
	广西	28325	32399	157163.4
	四川	42188	55931	105950.5
	贵州	3764	6854	26851.7
	云南	44866	48323	243206.7
	陕西	8391	26865	69924.1
	甘肃	7639	15850	33807.6
	青海	2445	619	3046.3
	宁夏	1594	1766	10757.8
	新疆	23694	39878	84529.3
	西部平均	19379	27454	91241
全国平均		42999	93593	231182

资料来源：1994 年、2005 年和 2013 年《中国农业年鉴》。

3.1.2.3 出口国家和地区结构

图 3-7 显示，中国出口地区以亚洲、欧洲、北美洲为主。亚洲是中国最大的农产品出口地区，2013 年占 62%，其他地区依次是欧洲（16%）、北美洲（13%）、非洲（4%）、拉丁美洲（3%）、大洋洲（2%）。中国农产品出口市场高度集中于亚洲，尤其是日本、韩国和东盟地区国家。

2001 年我国内地农产品出口前十位的国家和地区有日本、中国香港、韩国、美国、德国、马来西亚、荷兰、印度尼西亚、俄罗斯、新加坡。2005 年和 2013 年出口十大国家和地区只发生了较小变化，如新加坡退出十大出口伙伴国家和地区，而越南、泰国成为十大出口伙伴国家和地区。2013 年，我国内地农产品出口流向地前十位的国家和地区依次是日本、中国香港、美国、韩国、马来西亚、泰国、越南、俄罗斯、德国和印度尼西亚。

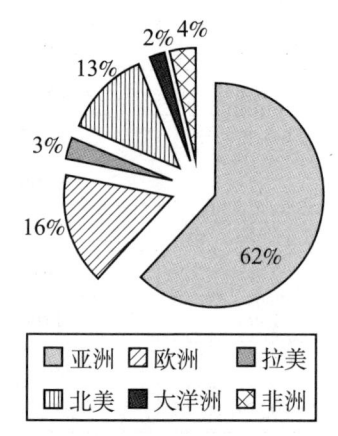

图 3-7 2015 年中国出口农产品世界地区分布比例

资料来源：根据 WTO 数据资料整理得。

表 3-3 2001 年、2005 年和 2013 年中国内地农产品出口市场结构

2001 年			2005 年			2013 年		
国家和地区	出口金额（万美元）	出口份额（%）	国家和地区	出口金额（万美元）	出口份额（%）	国家和地区	出口金额（万美元）	出口份额（%）
日本	376414	31.51	日本	792687	29.17	日本	1123320	16.74
中国香港	167937	14.06	韩国	284918	10.48	中国香港	767762	11.44
韩国	101559	8.50	美国	283868	10.45	美国	728831	10.86
美国	66346	5.55	中国香港	264334	9.73	韩国	438959	6.54
德国	36273	3.04	德国	93109	3.43	马来西亚	264587	3.94
马来西亚	35736	2.99	俄罗斯	72947	2.68	泰国	257884	3.84
荷兰	35351	2.96	马来西亚	69296	2.55	越南	234219	3.49

续表

2001 年			2005 年			2013 年		
国家和地区	出口金额（万美元）	出口份额（％）	国家和地区	出口金额（万美元）	出口份额（％）	国家和地区	出口金额（万美元）	出口份额（％）
印度尼西亚	27961	2.34	荷兰	53758	1.98	俄罗斯	209951	3.13
俄罗斯	21684	1.82	印度尼西亚	41809	1.54	德国	194482	2.90
新加坡	19986	1.67	英国	39056	1.44	印度尼西亚	173101	2.58

资料来源：《中国农业年鉴》。

由表3-3中显示，2001年、2005年和2013年三年数据比较发现，日本是中国最大的农产品出口流向国家，但所占份额呈下降趋势：2001年占31.51%，2005年占29.17%，2013年占16.74%。美国稳居中国第三大农产品流向地，所占份额呈上升趋势：2001年占5.55%，2005年占10.45%，2013年占10.86%。俄罗斯与德国一直名列我国前十大农产品出口贸易国，出口额稳定增长，所占出口份额基本不变，占3%左右。亚洲国家中马来西亚、印度尼西亚是中国农产品出口主要流向国。此外中国对阿根廷、巴西和澳大利亚等国农产品出口逐年增加，但中国农产品出口高度依赖日本、韩国、东盟、美国和欧盟等市场的格局仍然没有改变。

3.2 中国农业能源消费现状

中国是世界上最大的能源消费国、生产国和净进口国，同时也是最大的发展中国家，在全球能源消费结构的转型过程中承担着非常重要的任务。2004~2014年，中国能源消费平均增速为5.3%，2015年增长速度明显降低，仅为1.5%，但是中国能源消费仍占全球能源消费的23%和全球净增长的34%。

3.2.1 农业能源消费规模

由表3-4数据显示，1996~2015年我国农业能源消耗量不断上升，由3688.79万吨标准煤上升至8232万吨标准煤，增长123.15%，年均增长率为4.31%。由图3-8看出，2000年以后，农业能源消耗快速增长。

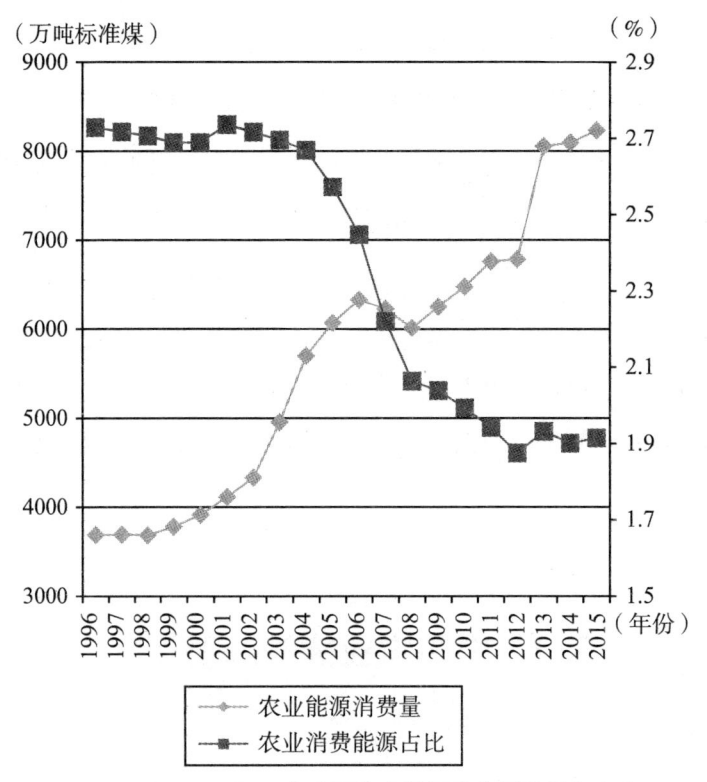

图3-8 1996~2015年中国农业能源消费量及所占比重

资料来源：《中国统计年鉴》。

第3章 中国农产品出口贸易与农业能源消费现状分析

表3-4 1996~2015年各行业能源消费量

单位：万吨标准煤

行业	1996年	1997年	1998年	1999年	2000年	2001年	2002年	2003年	2004年	2005年	2006年
能源消费总量	135191.86		136183.93	140568.82	145530.86	150405.80	159430.99	183791.82	213455.99	235996.65	258676.30
农业	3688.79		3685.75	3779.82	3913.77	4115.20	4331.18	4954.60	5697.35	6071.06	6330.71
工业	96849.97		97381.55	100248.46	103773.85	107137.60	113600.44	131167.92	152506.51	168723.53	184945.45
建筑业	1982.30		2106.79	2132.94	2178.53	2255.02	2409.57	2720.66	3114.60	3403.31	3760.73
交通运输、仓储和邮政业	10011.12		10138.31	10731.13	11241.59	11613.11	12313.22	14116.19	16642.21	18391.01	20284.23
批发、零售业和住宿、餐饮业	2726.06		2778.78	2878.53	3047.63	3170.23	3373.17	3914.93	4484.09	4847.75	5314.05
其他行业	5261.39		5312.94	5539.84	5761.58	5931.57	6240.93	7152.84	8242.82	9254.56	10275.98

行业	2007年	2008年	2009年	2010年	2011年	2012年	2013年	2014年	2015年	年均增速
能源消费总量	280507.94	291448.29	306647.15	324939.15	348001.66	361732.01	416913.02	425806.07	429905	6.28%
农业	6228.40	6013.13	6251.18	6477.30	6758.56	6784.43	8054.80	8094.27	8232	4.32%
工业	200531.38	209302.15	219197.16	232018.82	246440.96	252462.78	291130.63	295686.44	292276	5.99%
建筑业	4127.52	3812.53	4562.02	5309.30	5872.16	6167.37	7016.97	7519.58	7696	7.40%
交通运输、仓储和邮政业	21959.18	22917.25	23691.84	26068.47	28535.50	31524.71	34819.02	36336.43	38318	7.32%
批发、零售业和住宿、餐饮业	5689.38	5733.58	6412.26	6826.82	7795.38	8545.86	10598.16	10873.01	11404	7.82%
其他行业	11158.19	11771.34	12689.81	13680.50	15189.15	16580.77	19762.59	20084.01	21881	7.79%

资料来源：1996~2015年《中国统计年鉴》。

除 2008 年受金融危机影响，经济环境恶化，农业能源消耗小幅降低以外，总体呈现稳定的增长趋势。我国能源消费总量由 1996 年的 145530.86 万标准煤增加到 2015 年 429905 万吨标准煤，增长 195.4%，年均增速达 5.87%。由于我国能源消费总量增长远远超过农业能源消费量，因此农业能源消耗量占总体能源消耗的比重下降了，由 2.73% 左右下降到 1.9% 左右。

剔除能源生活消费，对农业在国民经济各行业中的能源消费水平进行纵向和横向比较。由表 3-4 数据可知，1996~2008 年，农业能源消耗水平低于工业和交通运输业，位居各行业能源消耗水平第三；2009 年以后，农业能源消费量略低于批发零售住宿餐饮业，降至第四，占中国能源消费总量的 2% 左右。毋庸置疑，工业领域能源消费量最高，占历年能源消费量的 50% 以上，2015 年高达 68%；其次是交通运输业，能源消耗占比逐年增多，2015 年已经达到 8.9% 左右。批发零售业 2009 年以后能源消费异军突起，2014 年达 10873.01 万吨标准煤，超过农业 2778.74 万吨。从增长速度来看，我国能源消费总量年均增长 6.28%，批发零售业、交通运输业和建筑业在 1996~2015 年增长最快，超过我国消费总量的增长速度；工业能源消费的年均增长率为 5.99%，农业的年均增长率为 4.32%。可见，农业能源消费虽然不断增加，但是相比其他行业尤其是工业和交通运输、仓储和邮政业，农业能源消费占较少比例，而且增速较慢。但这并不说明农业能源问题不值得重视，相反，以"化学化+机械化"为特征的石油农业发展模式，高投入、高能耗的粗放型增长方式在经济上、生态上、技术上隐藏着更深的矛盾：一方面，农业生产加工在耗费不可再生资源的同时，大量的农药化肥农膜残留物污染了农村的土壤、水源、空气和农产品，造成了面源污染和资源退化双重后果,加重生态环境的负外部性和环境承载压力;另一方面,化肥、农药等的大量使用增加了农业成本,降低了农产品的国际竞争力,对于中国农产品出口贸易发展具有不可持续性。以氮肥为例,氮肥工业生产过程中需消耗大量的煤、石油、天然气等不可再生资源,属于高耗能和高污染行业,但是根据相关统计,中国化肥有效利用率只有30%~40%,每年因不合理施肥造成1000多万吨的氮素流失到农田之外,折合成300多亿元人民币,造成大量污染的成本增加。因此,对化肥等产品的依赖和粗放式的使用,农业种植、运输、加工等过程中电力、石油和煤气等能源的消耗是农业能源消费、碳排放不断增加的重要原因。

3.2.2 农业能源消费强度

能源消费强度是衡量一个国家能源利用效率的重要指标,通常将单位GDP能耗定义为能源强度。强度越低,能源效率越高。本书根据《中国统计年鉴》的国民经济核算以及能源消费部门分类,计算了1996~2015年的农业、工业、建筑业、交通运输、仓储和邮政业、批发零售和住宿餐饮业、其他行业的能源强度。各行业国内生产总值和国内生产总值指数来源于2016年《中国统计年鉴》,将各年可变价格的生产总值换算为以1978年为基期的不变价格生产总值,能源消费数据来源于《中国统计年鉴》和《中国能源统计年鉴》。计算结果如表3-5所示。

表 3-5　　1996~2015 年农业能源强度及与其他行业对比

单位：吨标准煤/万元

年份	总能源强度	农业能源强度	工业能源强度	建筑业能源强度	交通运输、仓储和邮政业能源强度	批发、零售业和住宿、餐饮业能源强度	其他行业能源强度
1996	6.6509	1.4615	7.7141	2.2017	10.3337	1.5979	2.9841
1997	6.1175	1.4136	6.9684	2.2001	9.5331	1.4729	2.7062
1998	5.6845	1.3632	6.3983	2.0916	8.6660	1.3833	2.5114
1999	5.4521	1.3599	6.0697	2.0307	8.1767	1.3216	2.3952
2000	5.2057	1.3751	5.7231	1.9628	7.8895	1.2789	2.2698
2001	4.9677	1.4065	5.4372	1.9026	7.4901	1.2238	2.1193
2002	4.8274	1.4386	5.2425	1.8688	7.4134	1.1871	2.0190
2003	5.0579	1.6055	5.3686	1.8826	8.0084	1.2458	2.1132
2004	5.3361	1.7368	5.5977	1.9932	8.2468	1.3194	2.2127
2005	5.3002	1.7587	5.5504	1.8776	8.1954	1.2644	2.2136
2006	5.1559	1.7466	5.3900	1.7699	8.2198	1.1796	2.1535
2007	4.8975	1.6564	5.0861	1.6719	7.9588	1.0763	2.0161
2008	4.6413	1.5175	4.8290	1.4103	7.7393	0.9493	1.9265
2009	4.4714	1.5142	4.6512	1.4234	7.7398	0.9659	1.8955
2010	4.2899	1.5047	4.3933	1.4599	7.7798	0.9090	1.8619
2011	4.2035	1.5060	4.2276	1.4717	7.7656	0.9364	1.8893
2012	4.0587	1.4460	4.0219	1.4138	8.0869	0.9375	1.9087
2013	4.3446	1.6508	4.3118	1.4684	8.3792	1.0650	2.1011
2014	4.0875	1.6354	4.0352	1.4277	8.2110	1.0026	1.9678
2015	3.8599	1.6007	3.7635	1.3688	8.2759	0.9910	1.9789

由表 3-5 可以看出，我国农业能源强度总体较低，1996~2015 年

20年间变化不大，平均水平在1.57吨标准煤/万元。对比国民经济各部门，农业单位产量所消耗的能源约为交通运输部门的1/5、工业部门的1/4，但高于建筑业和批发零售和住宿餐饮业。农业能源消耗强度虽然不高，但是总体没有像其他部门一样呈现下降趋势，甚至出现小幅上升，最高值出现在2005年，主要的下降出现在1996~2002年，2003~2015年变化不大。而在此期间，我国总的能源强度、工业与交通运输、仓储和邮政业的能源强度有较明显的下降，批发、零售和住宿、餐饮业与其他行业较平缓的下降。在我国总体能源强度较大下降和各产业部门能源利用效率普遍提高的背景下，农业能源强度不降反升的原因值得重视。

3.2.3 农业能源消费结构

按照《中国能源统计年鉴》分类，我国农业能源消费包括煤炭、焦炭、原油、汽油、煤油、柴油、燃料油、天然气、电力九大能源。农业能源消费进一步又可分为直接消费和间接消费两大类。直接消费是农业生产活动中直接使用的能源，如农业生产中各种农机设备的燃油消耗，农田灌溉、照明、制冷和加热设备的能耗，以汽油、柴油、原煤、电力为主；间接消费是农副产品、食品制造、饮料、烟草等的主要原料和燃料，以天然气、煤、石油为主（张霞等，2015）。据此将农林牧渔业的能源消费划为直接能源消费，农副食品加工业、食品制造业、饮料制造业、烟草制造业的能源消费划分为间接能源消费。主要年份的农业能源消费结构如表3-6所示，农业能源直接消费与间接消费如表3-7所示。

表3-6　　　　　　　　主要年份农业能源消费结构　　　　　单位：万吨标准煤

年份	能源消费总量	煤炭消费量	焦炭消费量	原油消费量	汽油消费量	煤油消费量	柴油消费量	燃料油消费量	天然气消费量	电力消费量
2001	6232.83	3113.55	169.84	1.93	404.08	3.02	2094.61	41.63	4.66	1374.64
2003	9980.99	3169.41	167.09	1.92	382.10	2.94	2261.57	42.85	19.15	1392.60
2005	12292.64	3623.54	75.26	0.96	378.95	4.27	2826.33	65.24	33.68	1666.32
2008	11683.58	3705.39	73.97	1.13	291.21	3.57	1771.18	57.43	52.85	1923.83
2010	11989.40	3924.47	58.29	0.17	344.32	2.56	1915.20	48.59	85.92	2167.66
2012	12583.80	4011.75	69.81	0.11	358.81	1.99	2078.13	23.41	179.96	1172.59
2014	15794.5	6106.99	47.48	0.03	389.38	1.47	2290.09	16.46	257.75	2541.71
2015	15945	5753.69	188.83	0.04	407.87	2.55	2287.14	10.53	325.05	2624.48
年均增长(%)	6.94	4.48	0.76	-23.81	0.07	-1.20	0.63	-9.35	35.43	4.73

注：能源消费总量包括农林牧渔业以及农产品加工业的能源消费。
资料来源：根据《中国统计年鉴》和《中国能源统计年鉴》计算整理得出。

表3-7　　　　　2012～2015农业能源直接消费与间接消费　　单位：万吨标准煤

年份	类别	煤炭	焦炭	原油	汽油	煤油	柴油	燃料油	天然气	电力
2012	间接消费	2750.21	13.98	0.11	75.04	0.24	132.17	20.59	171.39	1172.59
	直接消费	1261.54	55.84	0.00	283.77	1.75	1945.96	2.83	8.57	1200.11
2013	间接消费	4873.02	12.74	0.34	79.22	0.34	126.91	17.10	206.42	1260.74
	直接消费	1750.44	67.19	0.00	292.40	1.75	2100.45	2.92	9.22	1262.02
2014	间接消费	4264.98	13.63	0.03	70.67	0.37	116.12	14.64	247.25	1296.25
	直接消费	1842.02	33.85	0.00	318.71	1.10	2173.98	1.81	10.51	1245.46
2015	间接消费	3878.65	141.23	0.04	67.49	0.93	111.86	9.19	312.82	1346.53
	直接消费	1875.04	47.60	0.00	340.38	1.62	2175.28	1.34	12.24	1277.95

资料来源：根据《中国统计年鉴》和《中国能源统计年鉴》计算整理得出。

从能源消费结构来看，中国农业以煤炭、柴油消费为主。历年来农业煤炭消费占能源消费总量40%强，年均增长4.48%，处于稳定增长态势。第二大农业能源消费是柴油，2001~2015年均增长0.63%，2001~2005年占农业能源消费总量的16%，2008年出现下滑，所占比例下降至10%左右。电力消费在农业能源消费中排第三，年均增速为4.73%，2001~2010年增长了58%，2012年出现大幅减少，降至1172.59万吨标准煤，但2015年反弹至2624.48万吨标准煤。汽油消费平均占2%，经历先降后升的过程，2008年降至291.21万吨标准煤，至2015年再次上升到407.87万吨标准煤，总体来看小幅下降，变化不大。天然气使用量稳步上升，是增长速度最快的农业能源，从2001年的0.35亿立方米折4.66万吨标准煤，增加到2015年24.44亿立方米折325.05万吨标准煤，年均增加35.43%。原油、煤油和燃料油消耗相对较低，基本处于下降状态，原油消费量从2001年1.93万吨标准煤降低到2015年0.04万吨标准煤，年均降幅-23.81%，煤油由2001年3.02万吨降至2015年2.55万吨，年均减少-1.2%，燃料油由2001年41.63万吨降至2015年10.53万吨，年均减少-9.35%。与煤炭不同，焦炭在农业中的使用比重很小，平均约1%左右，2001~2014年均降低-9.34%，但在2015年大幅回弹，达到188.83万吨标准煤，是2014年的4倍。

进一步分析农业能源直接消费与间接消费。无论是农业能源间接消费还是直接消费，都耗费了大量的煤炭，但比较而言，煤炭间接消费要远远超过直接消费，以2012年和2014两年为例，2012年农业煤炭间接消费3850.22万吨标准煤，直接消费1766.12万吨标准煤，前者超出后者约2100万吨，2014年农业煤炭间接消费5970.85万吨标准煤，直接消费2578.77万吨标准煤，前者超出约2400万吨，煤炭平均间接消费是直接消费的2.26倍。燃料油和天然气的间接消费也超过直接消费使用量，平均燃料油间接消费是直接消费的13倍左右，天然气间接消费是直接消费的16倍。与之相反，焦炭、汽油、煤油、柴油的直接消费超过间接消费，其中焦炭直接消费是间接消费的2~4倍，汽油为3~5倍，柴油是15~20倍。农业电力的直接消费和间接消费水平大致相当。由此可见，在以煤、油为主的农业能源消费结构中，煤、油不仅是农田灌溉、农地耕作、田间运输、农场管理、农业设施和养殖设施的主要能源来源，而且也是农副产品加工、食品制造、化肥农药的生产、饮料烟草制造过程中的主要能源，其中汽油、煤油、柴油广泛运用于农田灌溉、农地耕作、田间运输、农场管理、农业设施和养殖设施中，原油燃料油更多地使用在农副产品加工、食品制造、化肥农药的生产、饮料烟草制造过程中。煤炭和电力对于农业耕作和农产品加工制造都非常重要，焦炭更多地运用于农地直接消费。天然气主要运用于农产品加工制造等间接消费。

3.3 中国碳排放现状

3.3.1 中国碳排放总量和人均碳排放量

自改革开放以来，中国经济发展迅速，经济的快速增长和以煤炭为主的能源消费结构，决定了我国二氧化碳排放将以较快的速度增长。根据IEA公布的数据，中国的二氧化碳排放量不断上升，由1978年的13.72亿吨增加到2014年的90.87亿吨，增加了6.62倍，年均增长5.4%。2006年中国碳排放量（59.13亿吨）首次超过美国（56.02亿吨）成为世界上最大的碳排放国家。与此同时，我国人均二氧化碳排放量也快速增长，1978年从人均1.43吨增加到1996年2.4吨，再到2014年6.66吨。图3-9显示，我国二氧化碳排放总量和人均二氧化碳排放量曲线呈现相似的变化趋势：总体上稳定增长，2000年以前，人均二氧化碳排放量和总二氧化碳排放量增速比较缓慢，曲线较平缓；而2000年以后，无论是二氧化碳排放总量还是人均二氧化碳排放量都以较快的速度增长，曲线较陡。1978~2000年，我国二氧化碳排放总量和人均二氧化碳排放量的年均增长率分别为3.75%和2.45%，2001~2014年分别为8.25%和7.66%。由此可见，加入世贸组织以来，随着我国贸易开放的

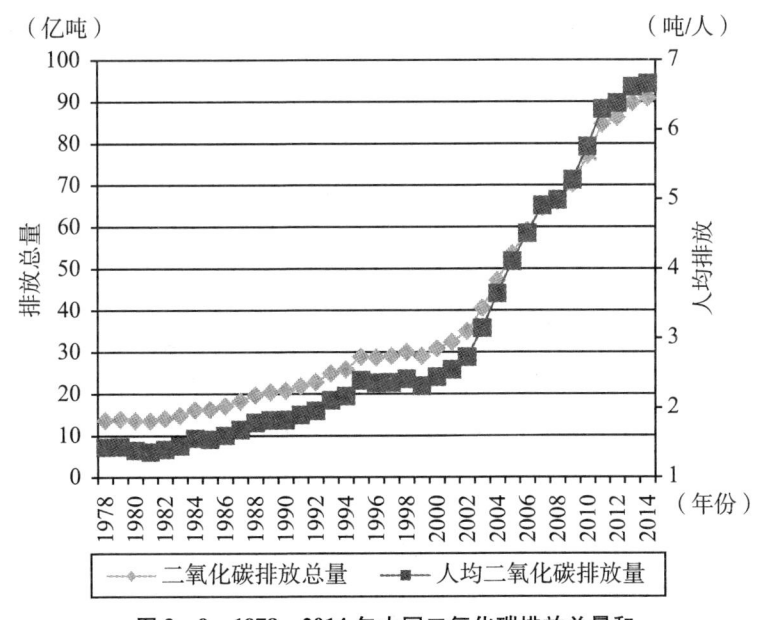

图3-9 1978~2014年中国二氧化碳排放总量和人均二氧化碳排放量

资料来源：国际能源署（IEA）。

扩大，我国的二氧化碳排放大幅上升。截至 2014 年，我国二氧化碳排放量占世界碳排放的比重达 28%，而加入世贸组织以前，我国占世界碳排放的比重不超过 13.5%，平均为 10% 左右。

3.3.2 中国碳排放强度

虽然我国碳排放总量和人均排放量都在快速增长，但是二氧化碳排放强度却处于下降的趋势中。在此，本书以 IEA 提供的 2005 年不变价格计算的我国单位 GDP 二氧化碳排放作为二氧化碳强度指标，单位为千克/美元。根据 2016 年 IEA 公布的中国和世界的数据（如图 3 – 10 所示），可以看出，我国的碳排放强度远远高于世界碳排放强度，但是二者之间的差距在 30 多年的时间里大幅缩小。1978 年中国和世界的碳排放强度分别为 4.71 千克/美元和 0.66 千克/美元，2014 年分别为 1.1 千克/美元和 0.44 千克/美元。中国由世界碳排放强度的 7.13 倍减少到 2.5 倍。可见，中国在减少污染排放方面做出了大量努力，节能减排技术得到了较大的提升。1978~2014 年，我国二氧化碳排放强度年均减少 – 3.94%，而世界碳排放强度在 30 多年内降低缓慢，几乎是水平变化。但是值得重视的是，中国在 1978~2000 年的碳排放强度的年均减速达到 – 5.4%，但进入 2001 以后，减速变缓，中国二氧化碳排放强度在 2002~2006 年期间还出现了短暂的增长，造成 2001~2014 年的年均减速只有 – 1.51%，降低速度略高于世界 2001~2014 年均减速（– 1.12%）。

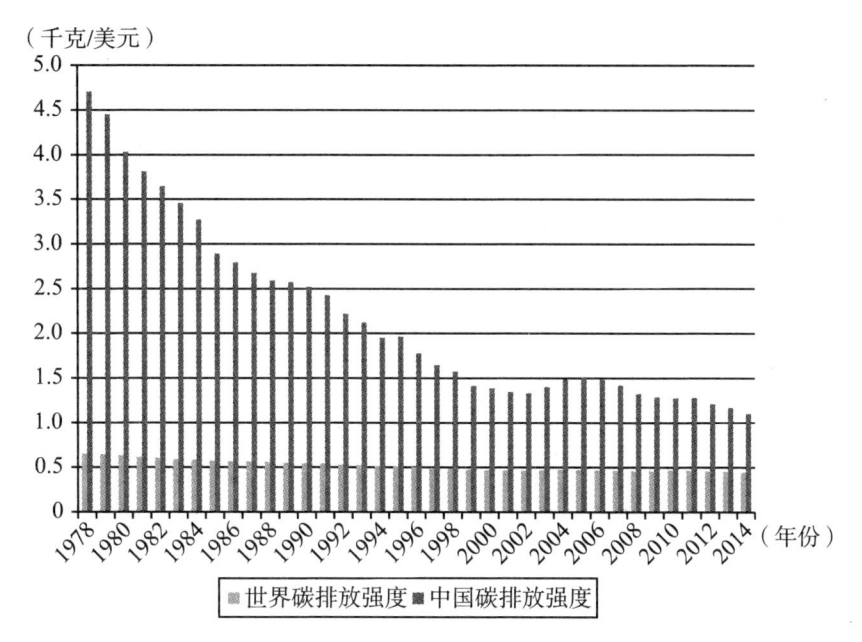

第3章
中国农产品出口贸易与农业能源消费现状分析

图3-10　1978~2014年世界与中国二氧化碳排放强度大小和变化对比

资料来源：国际能源署（IEA）。

3.3.3　中国碳排放占世界的比重

将中国与世界各主要碳排放国家进行比较发现，1990年以来中国一直居世界碳排放第二大国，2006年超过美国，成为世界第一大碳排放国家。就总量而言，中国碳排放量远远超出其他国家，尤其是2001年以后，其他碳排放大国碳排放量增长放缓甚至开始下降，但是中国的碳排放量却呈较快的增长趋势。从世界碳排放份额来看，1978年，中国二氧化碳排放仅占世界7.9%，与日本（5.16%）、德国（6.06%）相仿，远远低于碳排放大国美国（27.48%）和苏联（15.88%），但是中国在20世纪90年代以后尤其是加入世贸组织以来，随着碳排放总量逐年上升，碳排放占世界的比例也大幅增加，以 2014 年为例，中国、美国、印度、俄罗斯、日本、德国二氧化碳排放总量分为 90.87 亿吨、51.76 亿吨、20.2 亿吨、14.68 亿吨、11.89 亿吨、7.23 亿吨，所占比例分别是 28.06%、16%、6.24%、4.53%、3.67%、2.23%。另外，从人均二氧化碳排放量来看，我国却大大低于其他国家。如图 3-11 所示，在列举的六大碳排放国家中，我国人均二氧化碳排放量排在第 5 位，仅高于印度；2006 年以前，中国人均二氧化碳排放水平一直低于世界平均水平，2006 年以后才开始超出世界平均水平。2014 年人均二氧化碳排放量依次为美国 16.22 吨二氧化碳、俄罗斯 10.2 吨二氧化碳、日本 9.35 吨二氧化碳、德国 8.93 吨二氧化碳、中国 6.66 吨二氧化碳、印度 1.56 吨二氧化碳。

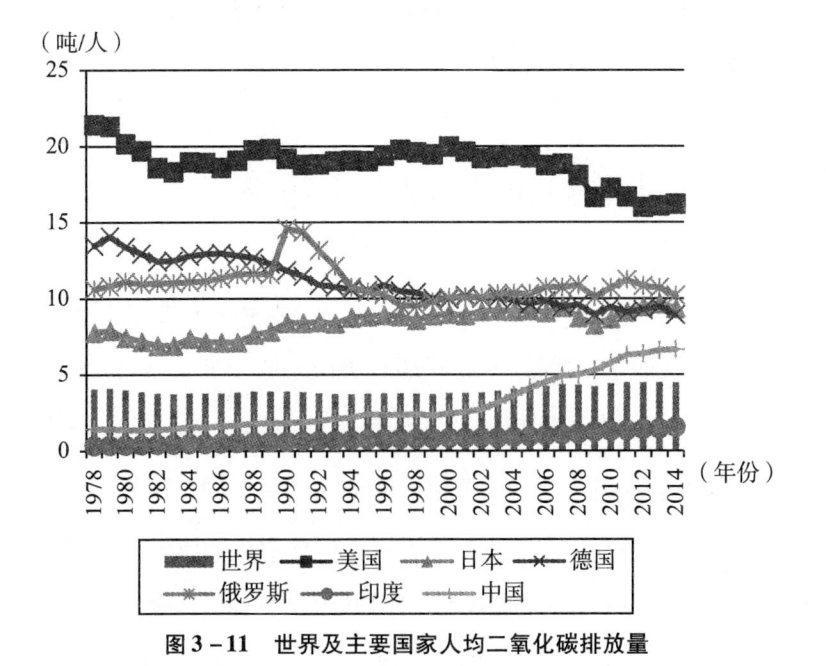

图 3-11 世界及主要国家人均二氧化碳排放量

资料来源：国际能源署（IEA）。

3.3.4 中国农业碳排放

农业作为国民经济基础，是我国重要的支柱产业，虽然相对工业、交通运输业，农业占能源消费比重相对较少，但随着石化农业时期的到来，我国农业能源消费量大大增加，能源消耗所引起的二氧化碳排放量成为温室气体排放的重要来源。由于农业碳源的分类和计算方法各异，学者们根据不同的研究的目得出了不同的研究结果。李波等（2011）认为农业碳排放主要来源于六个方面，即化肥、农药、农膜、柴油灌溉和翻耕生产和使用过程中所引起的碳排放。马翠萍等（2011）将农业二氧化碳排放源分为人为排放和自然排放，人为排放是指人类活动导致的碳排放，主要指化石燃料消耗；自然排放指土壤中碳固存或称有机碳以二氧化碳形式释放到大气。张广胜等（2014）按照碳排放发生时间及其与工业投入品的关系将农业碳排放分为3种形式：自然源排放、能源和农用化学品引起的碳排放以及废弃物处理产生的碳排放。相关研究表明，农业中化石燃料消耗所排放的二氧化碳占95%以上（赵荣钦、秦明周，2007）。由于我国目前的农业能源结构仍然是以煤炭为主的石化能源主导，"石化农业"的现状没有根本性变化。农业经济增长导致化石能源消费量不断扩大，而化石能源的大量消耗的直接结果必然是二氧化碳排放量的迅速增加。同时，作为生产中间投入品的化肥、农药、农膜等是增加产量的重要保障，大量中间投入品的消耗使得农业生产过程中的间接碳排放也大大增加。

目前国内尚无直接的中国农业能耗碳排放量数据可使用。关于农业能源和化学品投入引起的二氧化碳排放的研究，冉光和等（2011）构建了农业碳排放评价体系，测算了能源消耗与中间投入品使用所导致的农业碳排放量，计算结果表明改革开放以来我国农业生产碳排放以年均5%的速度增长。李波等（2011）将农业碳排放的来源划分为六个方面，包括化肥、农药、农膜、柴油、灌溉和翻耕，得出我国1993~2008年的农业碳排放量处于阶段性上升态势，1993年我国农业碳排放量为4307.54万吨，2008年为7843.08万吨，年平均增长率为4.08%。史常亮等（2016）测算了1980~2012年我国农业能耗碳排放量，煤炭、焦炭、汽油、煤油、柴油、燃料油和电力七类在农业能源消费量快速增加的同时，农业能耗碳排放也在逐年上升，从1980年的2000万吨左右增加到2012年的4500万吨左右。以上碳排放的计算方法是通过分类确定农业生产中使用的各种化石能源的消费量，再根据能源碳排放系数转化为能源碳排放当量，最后加总得到总的农业碳排放量。

本书根据2016年世界粮农组织（FAO）公布的农业碳排放量粗略分析1995~2015年中国农业碳排放量的总水平和变化。同时为了了解农业碳排放占中国总体的碳排放的比重，本书进一步搜集到了IEA公布的中国总体碳排放量（详见表3-8），IEA最新的数据只公布到2014年，2015年的碳排放数据采用年均增长率补齐。数据表明，1995~2015年中国农业碳排放量总体上呈逐年增长趋势，除个别年份出现下降外，中国农业碳排放量从1995年的59596.95万吨增加至2015年的71535.36万吨，增长20.03%，年均增长率为0.92%。与此同时，国内总体碳排放总量从288708万吨增加到962314万吨，增长233.31%，年增长率为6.2%。由于国内总体碳排放增长大大超过农业碳排放增长速度，因此农业碳排放量占总体碳排放量的比重呈下降趋势，由1995年的20.64%降至2015年的7.43%。具体来说，根据年增长率，可将农业碳排放变动划

第3章
中国农产品出口贸易与农业能源消费现状分析

分为3个阶段：1995~2000年、2001~2007年和2008~2015年，相应年均增速分别为0.39%、1.65%和0.6%，这表明中国农业碳排放总量虽然总体上呈增长趋势，但其增长速度呈现先增后减的态势。1995~2000年加入世贸组织之前，我国农业处于不景气状态，农民负担问题成为关注的热点，在此阶段，1998年爆发东南亚金融危机，我国农业生产总体上出现下滑趋势，综合因素影响下，农业生产减少，各种生产资料的需求放缓，从而使农业碳排放量的增长得到抑制。进入21世纪以后，国家政策从连续五个中央一号文件建设现代农业到全面推进社会主义新农村建设，农业改革极大地促进农业生产，2001年中国加入世贸组织，农业出口带动农业生产，农业生产资料投入加大，以化肥投入为例，2007年我国化肥施用量达5114.82万吨，成为世界最大的化肥消费国，占世界总消费的28.6%（马翠萍，2011）。表现在农业碳排放量上，该阶段农业碳排放增速加快。2008年以来，国家对低碳农业的开始重视，中央一号文件明确指出通过降低生产成本实现增收，大力发展节约型农业，农业节能减排技术得以鼓励，农业资源利用效率得以提高，使得农业碳排放增速减缓。

表3-8 1995~2015年中国农业碳排放量及占中国总碳排放量的比重

年份	中国农业二氧化碳放量（万吨）	中国总二氧化碳放量（万吨）	比重（%）	农业人均二氧化碳排放量（吨）	农业单位GDP碳排放量（吨/万元）
1995	59596.95	288708	20.64	0.4946	3.2254
1996	61866.45	287209	21.54	0.5081	3.0436
1997	60469.48	290660	20.80	0.4916	2.7218
1998	60517.64	299969	20.17	0.4873	2.5261
1999	62012.15	289996	21.38	0.4950	2.4052

续表

年份	中国农业二氧化碳放量（万吨）	中国总二氧化碳放量（万吨）	比重（%）	农业人均二氧化碳排放量（吨）	农业单位GDP碳排放量（吨/万元）
2000	60784.69	308620	19.70	0.4814	2.1743
2001	61453.84	324270	18.95	0.4832	2.0298
2002	61123.34	349730	17.48	0.4774	1.8507
2003	61227.26	405262	15.11	0.4752	1.6850
2004	64040.11	472422	13.56	0.4941	1.6009
2005	65646.75	535809	12.25	0.5035	1.4743
2006	67020.43	591288	11.33	0.5112	1.3359
2007	67792.9	646857	10.48	0.5144	1.1836
2008	68586.09	660848	10.38	0.5178	1.0922
2009	69475.99	702621	9.89	0.5219	1.0131
2010	70579.12	770705	9.16	0.5276	0.9318
2011	69265.08	846500	8.18	0.5153	0.8366
2012	69676.65	862097	8.08	0.5159	0.7818
2013	69790.15	897983	7.77	0.5142	0.7273
2014	70764.03	908696	7.79	0.5187	0.6793
2015	71535.36	962314	7.43	0.5203	0.6423
年均增长率	0.92%	6.20%	-4.98%	0.25%	-7.75%

资料来源：中国农业碳排放量来源于世界粮农组织（FAO），中国总体碳排放量来源于国际能源署（IEA）。

进一步根据中国农业二氧化碳排放总量和1978年不变价格的GDP求得单位GDP碳排放量，即农业二氧化碳排放强度，与上文计算农业能源强度计算保持一致，GDP也来源于《中国统计年鉴》，数据相同；根据中国总人口数，求人均农业人均二氧化碳排放量，中国总人口数也来自IEA，与此节中的人均碳排放量保持一致。计算结果置于表3-8中。

第3章 中国农产品出口贸易与农业能源消费现状分析

可以看出，与我国二氧化碳排放强度一样，农业二氧化碳排放强度也呈现下降的趋势，年均降速达 -7.75%，比中国总二氧化碳排放强度的下降速度更快。就人均农业人均二氧化碳排放量，呈现较缓慢的增长，2015年人均二氧化碳排放量为0.5203吨/人，年均增长仅为0.25%。

从世界角度来看，中国是碳排放量最大的国家，农业也不例外。本书选取7个世界主要农业生产国家同时也是碳排放大国的农业碳排放量与中国进行对比，如图3-12所示，中国居于各国中农业碳排放最高水平，大大超出其他国家。以1995~2015年平均水平来看，中国农业碳排放量是印度的1.12倍，澳大利亚的4.31倍，美国的5.8倍，俄罗斯的

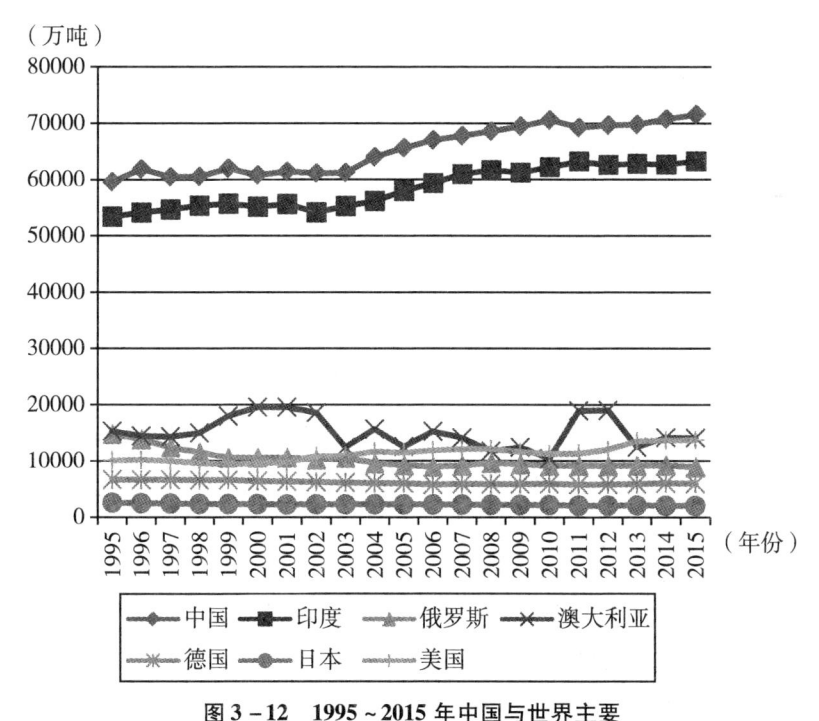

图3-12　1995~2015年中国与世界主要
国家农业二氧化碳排放量的比较

资料来源：世界粮农组织数据库（FAOSTAT）。

6.35倍,德国的10.58倍,日本的28.86倍。其中俄罗斯、日本、德国、澳大利亚的农业碳排放年均增长率为负值,分别为-2.52%、-1.16%、-0.55%、-0.42%,这些国家的农业碳排放量出现递减的趋势;而中国、印度、美国农业碳排放年均增长率为正值,分别是0.92%、0.85%、1.54%,呈现递增的趋势。2015年,无论是农业碳排放的绝对量还是增长率,我国都居于世界高位水平,农业低碳化发展任重道远。

3.4 本章小结

(1)从总量增长和结构变化两方面分析中国农产品出口贸易现状。总量增长方面的特点为:农产品出口规模不断扩大;农产品贸易持续逆差,外贸比重下降;中国是全球最大的农产品生产国和消费国之一,也是世界主要的农产品贸易国,中国农产品出口在世界的地位增强。结构变化方面的特点是:第一,商品结构方面。劳动密集型农产品仍然是我国主要的出口农产品,水产品和园艺产品占农产品出口的半壁江山,并且继续上升,而资源型农产品出口比重略有下降。农产品加工制造品出口比重逐年上升,成为出口农产品新的增长点;地区分布结构方面,农产品出口主要集中在东部地区,中部和西部出口规模相对较小。第二,出口国别结构方面。出口地区以亚洲、欧洲、北美洲为主。亚洲是中国最大的农产品出口地区,尤其是日本、韩国和东盟国家。

(2)从农业能源消费规模、强度和结构三个方面分析中国农业能源消费情况。1996~2015年我国农业能源消耗量不断上升,由3688.79万吨标准煤上升至8232万吨标准煤,增长118.35%,年均增长率为

4.48%。我国农业能源强度总体较低，1996~2015年20年间变化不大，平均水平在1.57吨标准煤/万元，但是总体没有像其他行业一样呈现下降趋势，甚至出现小幅上升。中国农业以煤炭、石油消费为主，农业能源消费中农林牧渔业的能源消费量与农产品加工制造业的能源消费量所占比例相当。

（3）对中国二氧化碳排放现状和农业二氧化碳排放进行分析。中国的二氧化碳排放量不断上升，由1978年的13.72亿吨增加到2014年的90.87亿吨，增加了6.62倍，年均增长5.4%；虽然我国碳排放总量和人均排放量都在快速增长，但是二氧化碳排放强度却处于下降的趋势中，中国在减少污染排放方面做出了较大的努力，节能减排技术得到了较大的提升；将中国与世界各主要碳排放国家进行比较发现，1990年以来中国一直居世界碳排放第二大国，2006年超过美国，成为世界第一大碳排放国家。就总量而言，中国碳排放量远远超出其他国家，尤其是2001年以后，其他碳排放大国碳排放量增长放缓甚至开始下降，但是中国的碳排放量却呈较快的增长趋势。但从人均二氧化碳排放量来看，我国却大大低于其他国家。

中国农业二氧化碳排放方面，1995~2015年中国农业碳排放量总体上呈逐年增长趋势，除个别年份出现下降外，中国农业碳排放量从1995年的59596.95万吨增加至2015年的71535.36万吨，增长20.03%，年均增长率为0.92%。农业二氧化碳排放强度则呈现下降的趋势，年均降速达-7.75%，比中国总二氧化碳排放强度的下降速度更快。人均农业人均二氧化碳排放量来呈现较缓慢的增长。

第4章
中国农产品出口贸易隐含碳排放总体测度及结构分析

单区域投入产出模型基于一国单一投入产出表,在数据获得性和数据处理方面具有较大可靠性,是当前国际贸易隐含碳计算最常见的投入产出模型,适合于估算出口内涵碳,通常应用于研究某一国家对另一国家或多个国家出口贸易中隐含碳排放。本章利用单区域投入产出法对2001~2015年中国农产品出口贸易隐含碳排放进行的强度分析、总量测算和结构评估。测算出口农产品隐含能系数及隐含碳系数;计算农产品出口贸易隐含碳总量变化趋势并与工业产品出口贸易隐含碳进行比较;从出口农产品的二氧化碳排放的部门来源、能源分布以及碳排放系数三个方面深入分析其结构特征。归纳加入世贸组织后,我国农产品出口贸易隐含碳的总体变化趋势、结构变化特点。

第4章
中国农产品出口贸易隐含碳排放总体测度及结构分析

4.1 出口贸易隐含碳的测度方法

4.1.1 投入产出模型

20世纪30年代瓦西里·列昂惕夫发表题为《美国经济制度中投入产出的数量关系》的论文，首先提出投入产出的概念。随后，他将投入产出法运用到具体国家的经济均衡分析中，创立了投入产出技术这一科学理论，并被世界各国学者仿效运用于产业结构、经济预测、经济发展与环境保护相关问题的研究。

投入产出分析是研究经济系统各部门在生产各阶段之间投入与产出的相互依存关系的经济数量分析方法，通过编制棋盘式的投入产出表、建立相应的线性代数方程体系来实现。投入产出表也叫部门联系平衡表，反映一定时期一定技术水平下各部门间相互联系和平衡比例关系。一方面，投入产出表解释了国民经济各部门的产出情况，以及这些部门的产出如何分配给其他部门用于生产或者分配给居民和社会用于最终消费或者出口；另一方面，解释了各部门自身的生产从其他部门获得中间投入产品及其最初投入的状况。投入产出分析法运用线性代数矩阵方法来计算，凭借计算机程序使得大量的数据运算得以实现，能反映社会总产品与中间产品、最终产品之间的数量关系，体现部门之间的直接联系和间接联系，挖掘现象以下的经济内涵。目前，投入产出法为各种定量分析提供依据。投入产出表的基本结构如表4-1所示。

表 4-1　　　　　　　　　　投入产出表基本结构

产出＼投入		中间产品				最终产品	总产出
		部门 1	部门 2	…	部门 n		
中间投入	部门 1	x_{11}	x_{12}	…	x_{1n}	Y_1	X_1
	部门 2	x_{21}	x_{22}	…	x_{2n}	Y_2	X_2
	……	…	…	…	…	…	…
	部门 n	x_{n1}	X_{n2}		x_{nn}	Y_n	X_n
增加值		Z_1	Z_2	…	Z_n		
总投入		X_1	X_2	…	X_n		

表 4-1 中横向各行为中间产品（中间使用），反映了各部门的产出在整个经济中的分配情况，是产出部门在本期生产活动所提供给各投入部门使用的各类货物和服务的价值量，即用于各部门中间使用或最终使用（最终使用包括消费、资本形成和净出口三部分）；表 4-1 中纵向各列为中间投入，反映了各部门的生产所需的投入情况，包括作为原材料的各项中间投入以及劳动力和资本要素投入。国民经济体系各部门之间相互依存和制约的消耗关系通过中间产出和中间投入两个角度来反映，投入产出表中每一个点都包含了纵向和横向两种经济意义，横向按产品部门分类，是一个部门的产出量，纵向按产业部门分类，是一个部门的投入量（宋辉、刘新建，2013）。因此可以得到横向产出平衡与纵向投入平衡两种关系：

总产出 = 中间产品 + 最终产品

总投入 = 中间投入 + 增加值

假设国民经济中有 n 个部门，i 表示横向部门，j 表示纵向部门，根据投入产出表的横向平衡关系，可以得

第 4 章
中国农产品出口贸易隐含碳排放总体测度及结构分析

$$\begin{cases} x_{11} + x_{12} + \cdots + x_{1n} + y_1 = x_1 \\ x_{21} + x_{22} + \cdots + x_{2n} + y_2 = x_2 \\ \cdots \\ x_{n1} + x_{n2} + \cdots + x_{nn} + y_n = x_n \end{cases}$$

用矩阵表示为

$$AX + Y = X \tag{4.1}$$

上式就是最基本的投入产出模型。调整后可得

$$X = (I - A)^{-1} Y \tag{4.2}$$

其中，X 为各部门总产出向量，其元素 X_i 为第 i 部门的总产出；Y 为各部门最终产品列向量，Y_i 为第 i 部门的最终产品，包括国内最终消费、资本形成和出口；I 为 $n \times n$ 单位矩阵。A 为直接消耗系数矩阵，也称技术系数矩阵，为 $n \times n$ 维方阵，$A = \left\{ a_{ij} = \dfrac{x_{ij}}{x_j} \right\}$，$a_{ij}$ 代表 j 部门生产单位产出所直接耗费的 i 部门的投入，x_{ij} 表示 j 部门产品生产过程中对 i 部门产品的直接消耗量，x_j 为 j 部门的总产出。已知总产出向量 X 或最终产品向量 Y 的其中一项，根据投入产出表查得直接消耗系数矩阵 A，就能够计算出另一未知项。

直接消耗系数加上全部间接消耗系数为完全消耗系数，表示 j 部门生产单位产品所直接消耗和间接消耗 i 部门的投入之和，记作 b_{ij}，完全消耗系数矩阵用 B 表示。直接消耗系数矩阵 A 和完全消耗系数矩阵 B 的关系可表示为：$B = (I - A)^{-1} - I$。其中，$(I - A)^{-1}$ 为完全需求系数矩阵，即列昂惕夫逆矩阵。

4.1.2 贸易隐含碳计算框架

投入产出法核算碳足迹突出的优点是，投入产出表能够反映各产品部门的技术联系，利用完全需要系数矩阵能够全面核算农产品生产过程上游和下游各环节直接和间接的能源消耗，并通过各能源的碳排放系数，将能源消耗量转化为碳排放量。投入产出法的核心是利用投入产出表计算产品的隐含碳排放系数，即利用完全消耗系数矩阵调整产品的直接碳排放系数，使其包含生产该产品的中间投入所排放的二氧化碳。

出口贸易隐含碳排放的基本计算公式为

$$EC = R(I-A)^{-1}Y \quad (4.3)$$

其中，EC 为出口贸易隐含碳排放量；R 为直接碳排放系数矩阵；$R(I-A)^{-1}$ 为考虑中间投入的由列昂惕夫逆矩阵构造的完全碳排放系数矩阵，即隐含碳排放系数矩阵；Y 代表出口额矩阵。其中，i 部门的直接碳排放系数的计算公式为

$$R_i = \sum_k \frac{EN_{ik} \times \theta_k}{X_i}, \quad k=1, 2, \cdots, 8 \quad (4.4)$$

其中，EN_{ik} 为 i 部门第 k 种能源的消费量，X_i 代表 i 部门的总产出，$\frac{EN_{ik}}{X_i}$ 为 i 部门 k 能源消耗系数，即单位产出能源消耗量。农业能源消费包括煤炭、焦炭、原油、汽油、煤油、柴油、燃料油、天然气和电力九类能源，由于电力属于二次能源，最终来源于煤炭、石油、天然气等，因此本书不考虑电力消耗。二氧化碳排放总量为八种能源消费导致的二氧化碳排放量之和。具体各能源二氧化碳估算参数，如表 4-2 所示。

第4章
中国农产品出口贸易隐含碳排放总体测度及结构分析

表4-2　　　　　　　　　各能源二氧化碳排放估算参数

项目	煤炭	焦炭	原油	汽油	煤油	柴油	燃料油	天然气
能源的平均低位发热量 NCV	20908	28435	41816	43070	43070	42652	41816	38931
IPCC 碳排放因子 CEF	26.5	29.2	20	20.2	19.5	20.2	21.1	15.3

注：天然气能源的平均低位发热量单位为千焦/立方米，其他能源的平均低位发热量单位为千焦/千克；IPCC 碳排放因子 CEF 单位为千克/千焦。

资料来源：能源的平均低位发热量 NCV 来源于2015年《中国能源统计年鉴》，碳排放因子 CEF 来源于2006年《IPCC 国家温室气体清单指南》。煤炭的碳排放系数以烟煤和无烟煤排放系数平均计算。

θ_k 为能源 k 的二氧化碳排放系数。θ_k 根据2006年联合国政府间气候变化专门委员会（IPCC，2006）提供的参考方法，计算公式为

$$\theta_k = NCV_k \times CEF_k \times COF_k \times (44/12), \quad k = 1, 2, \cdots, 8 \quad (4.5)$$

其中，NCV 为一次能源的平均低位发热量，CEF 为碳排放因子，COF 为碳因子氧化率（取缺省值1）。44为二氧化碳的分子量，12为碳的分子量，故1吨碳 = 44/12 = 3.66吨二氧化碳。可得不同能源的二氧化碳排放系数 θ，如表4-3所示。

表4-3　　　　　　　各能源二氧化碳排放系数 θ_k 值

煤炭	焦炭	原油	汽油	煤油	柴油	燃料油	天然气
2.03	3.04	3.07	3.19	3.08	3.16	3.23	2.18

注：天然气的碳排放系数的单位为千克/立方米，其他能源均为千克/千克。

由表4-3计算结果可以得到能源二氧化碳排放系数矩阵 $\theta_{8 \times 1}$，将式（4.3）进一步写为

$$EC = Y^T \left[(I-A)^{-1} \right]^T N \times \theta \qquad (4.6)$$

其中，N 为各部门（或各产品）能源消耗系数矩阵，$N_{ik} = \dfrac{EN_{ik}}{X_i}$。$N \times \theta$ 为直接碳排放系数矩阵，相当于式（4.3）中的 R；$\left[(I-A)^{-1} \right]^T \times N \times \theta$ 为隐含碳排放系数矩阵或完全碳排放系数矩阵，相当于式（4.3）中的 $R(I-A)^{-1}$。

4.2 数据来源与处理

4.2.1 列昂惕夫逆矩阵

$(I-A)^{-1}$ 完全需要系数矩阵即列昂惕夫逆矩阵可根据我国投入产出表中的完全消耗系数矩阵得到。由于一个国家的生产结构和生产技术在短期内变化不大，我国投入产出表为五年编制一次。本书计算农产品出口贸易隐含碳排放时间跨度为 2001~2015 年，采用 2002 年、2007 年和 2012 年三张投入产出表。将 2001~2015 年分为三个时间段：2001~2006 年采用 2002 年中国投入产出表数据进行计算，2007~2011 年采用 2007 年中国投入产出表数据进行计算，2012~2015 年采用 2012 年中国投入产出表数据进行计算。这其实暗含一个假定，即 2001~2006 年行业生产结构和技术不变，2007~2011 年行业生产结构和技术不变，2012~2015 年行业生产结构和技术不变。短期内投入产出表中直接消耗系数、不同部门能源系数和各能源二氧化碳系数不变，利用投入产出表、能源消费量表以及能源碳排放系数计算中国出口农产品的隐含碳排放系数矩阵。投入产出表以42部门划分最为普遍，由于本书需考察农业各部门的出口隐含碳排放，详细的行业分类更有助于准确计算农产品贸易隐含碳排放量及分析其来源结构，因此本书选择详细的行业划分投入产出表进行计算，即采用2002年122部门投入产出表、2007年135部门投入产出表和2012年139部门投入产出表，虽然计算工作量增大，但计算结果更精确到详细的部门分类，有利于把握各农产品部门和产品的出口隐含碳。本书以投入产出表部门分类为依据分别计算2001~2015年15年间全行业出口贸易隐含碳排放量分量及总量。

4.2.2 出口贸易额

出口贸易额根据联合国贸易统计数据库和相关各年《中国贸易外经统计年鉴》查得，选择HS码二级分类作为本书的基本商品分类，共98章22类。出口贸易额首先按照各年度美元兑人民币平均汇率转化为人民币，其次为消除物价变动因素对出口额的影响，采用商品零售价格指数对数据进行平减，得到1978年为基期的实际数据，单位为亿元。WTO关于农产品的定义包括协议农产品口径和统计农产品口径两种，前者为HS编码01~24章除去水产品；后者偏重生产口径，涵盖协议农产品加水产品及其加工品及部分林产品，能更好地代表我国农产品贸易体系。为测度贸易隐含碳排放提供较科学合理的基础，本书以WTO统计农产品口径为基础，将水产品及其加工品考虑进来。HS分类中的前24章农副产品基本已将WTO统计农产品涵盖进来，并且有分类口径简单、数据易得、操作性强等优点，在研究中被大部分学者使用，故本书采用HS编码 01~24 章二分位数据来计算农产品出口额。

4.2.3 隐含碳排放系数

首先，计算各行业能源消耗系数矩阵 N。如前所述，本书农业能源为煤炭等八类化石能源。电力也属于化石能源，但是为避免重复计算，电力不做考虑。化石能源在燃烧过程中会产生二氧化碳，因此又被称为碳基能源，是本书核算隐含碳排放的源头。2001~2015 年分行业能源消费量来自 2002~2013 年《中国统计年鉴》和 2014~2016《中国能源统计年鉴》。总产出 X_i 来自投入产出表。其次，利用列昂惕夫矩阵及不同能源的二氧化碳排放系数矩阵求得隐含碳排放系数矩阵 $[(I-A)^{-1}]^T \times N \times \theta$。

4.3 农产品分类数据库构造

4.3.1 行业归并与统计口径调整

由于各数据来源在行业划分上存在差异，因此本书首先要解决的关键问题是将不同数据表的行业分类进行整合对应处理。隐含碳计算涉及三种数据来源存在三种不同的行业划分方式：一是投入产出表及其行业划分；二是能源消费及其行业划分；三是出口贸易额及海关 HS 编码商品分类。借鉴石红莲、张子杰行业整合归并方法，以投入产出表部门分类为基准，调整能源消费部门和贸易部门。我国能源消费量表行业划分一般为44部门或47部门,去除最后一类生活消费部门,为43部门或46部门。投入产出表部门划分有两种,一种较为简单,为42部门,与能源消费量表中的行业划分基本对应;另一种是详细划分,将42部门进一步细分到122部门(2002年投入产出表)或135部门(2007年投入产出表)或139部门(2012年投入产出表)。出口贸易数据是根据海关HS编码二分位码98章出口种类划分。

首先,将能源消耗系数矩阵由N_{43*8}(或N_{46*8})扩展为对应于投入产出表行业分类的N_{i*8}(N_{122*8},N_{135*8}或N_{139*8})矩阵,然后利用能源碳排放系数矩阵θ_{8*1}计算直接碳排放系数矩阵$N\times\theta$。再利用投入产出表的完全需求系数矩阵$(I-A)^{-1}$,求得隐含碳排放系数矩阵$[(I-A)^{-1}]^T\times N\times\theta$。其次,按照典型商品对应原则,将98章分类的出口数据矩阵Y_{98*1}调整为以投入产出表部门分类的出口数据矩阵Y_{i*1}(Y_{122*1},Y_{135*1}或Y_{139*1})。投入产出表部门分类与能源消费部门分类存在较好的一一对应关系,但是在将98章出口数据转化为135(或122、139)类时,不可避免地要进行主观估计,分类不同,计算结果将会形成一些误差。而三张投入产出表详细的行业部门分类之间,虽然存在少许差异,但绝大部分相同,差异部分也可以进行很好的整合对应。详细的部门分类对照表见附录1。

4.3.2 农产品部门分类

国家投入产出表是参照中国《国民经济行业分类》(GB/T4754—2011)标准制定的,投入产出表中的农产品划分为18个部门,包括农林牧渔业及其农产品加工业,具体如表4-4中第2列所示。

表 4-4　　　　　　　　农产品部门整合及最终分类

调整后农产品部门分类	投入产出表农产品各部门整合	海关出口农产品 01~24 章整合
1. 农业	1. 农业	06. 活树及其他活植物；07. 使用蔬菜、根及茎块；08. 食用水果及坚果；09. 咖啡、茶及调味香料；10. 谷物；12. 含油的籽、果仁和果实
2. 林业	2. 林业	13. 虫胶、树胶、树脂；14. 编结用植物材料
3. 畜牧业	3. 畜牧业	01. 活动物
4. 渔业	4. 渔业	03. 鱼及其他水生动物
5. 食品加工业	5. 谷物磨制业	11. 制粉工业产品
	6. 饲料加工业	23. 食品加工的残渣；动物饲料
	7. 植物油加工业	15. 动、植物油，脂及其分解产品
	8. 屠宰及肉类加工业	02. 肉及食用杂碎；05. 其他动物产品
	9. 水产品加工业	16. 肉及其他水生无脊椎动物的制品
	10. 其他食品加工业	20. 蔬菜、水果、坚果制品
6. 食品制造业	11. 制糖业	17. 糖及糖食
	12. 方便食品制造业	19. 谷物、粮食粉、糕饼点心
	13. 液体乳及乳制品制造业	04. 乳品、蛋类、天然蜂蜜
	14. 调味品、发酵制品制造业	09. 咖啡、茶及调味香料；21. 杂项食品
	15. 其他食品制造业	19. 谷物、粮食粉、糕饼点心
7. 酒精及酒的制造业、饮料、茶制造业	16. 酒精及酒的制造业	22. 饮料、酒及醋
	17. 软饮料及精制茶加工业	09. 咖啡、茶及调味香料；18. 可可及可可制品
8. 烟草制造业	18. 烟草制品业	24. 烟草及烟草代用品的制品

农产品出口贸易额采用 HS 编码 01~24 章二分位数据。将海关出口商品 HS 编码 01~24 分别对应于投入产出表中的 18 种农产品部门。传统农产品主要指农林牧渔业，农产品加工业包括食品加工业、食品制造业、酒及饮料制造业、烟草制造业。因此在投入产出表和海关 HS 出口农产品分类基础上，将农产品整合归并为农业、林业、畜牧业、渔业、食品加工业、食品制造业、酒精及饮料制造业、烟草制造业八大农产品出口部门，如表 4-4 所示。需要说明的是，海关编码分类的数据有些要分拆到两个及以上不同的投入产出表中的农产品部门中去，例如，09 咖啡、茶及调味香料，分别拆分到了投入产出表中的农业、调味品发酵制品制造业和软饮料精制茶加工业 3 个部门里。详细的分拆整理见附录 1。

4.4 中国农产品出口贸易隐含碳排放测算及结构分析

4.4.1 农产品出口贸易隐含碳排放总体情况

4.4.1.1 农产品出口贸易隐含碳变化趋势

根据式（4.6），利用软件 Matlab 7.1，本书计算了 2001~2015 年中国出口贸易隐含碳排放总量以及农产品出口贸易隐含碳排放量，结果如表 4-5 所示。中国加入世贸组织以来，农产品出口隐含碳排放量基本处于上升趋势。2001 年，中国农产品出口二氧化碳排放量仅为 0.3128 亿吨，到 2015 年已经达到 0.9043 亿吨，增长 1.9 倍，年均增长 7.88%。与此同时，自 2001 年中国加入世贸组织以来，农产品出口贸易规模也呈现出快速上升的态势，2001～2015 年农产品出口增长约 3.5 倍，年均增长率为 13%。具体分阶段来看，2001～2006 年为加入世贸组织后的前 6 年，随着中国农产品贸易量的剧增，农产品出口二氧化碳排放量迅猛增长，至 2006 年达到一个小高峰，中国农产品出口隐含碳排放为 0.6435 亿吨，相比 2001 年，增长率达 106%。2007～2015 年，农产品出口隐含碳排放变化起伏较大。2007 年农产品出口隐含碳排放呈现较大幅度回落，降至 0.4567 亿吨，比 2006 年下降了 30%，这与中央开始提出环境保护与经济增长要并重的要求、中央和地方都大幅度强化了环境保护施政力度相吻合。此后经历了 3 年隐含碳排放低速增长，其间受 2008 年金融危机影响，中国农产品出口贸易受挫，2009 年农产品出口隐含碳排放降至最低点。而 2010 年以后，农产品出口隐含碳排放再次进入稳定上升阶段。中国农产品出口隐含碳与农产品出口贸易规模的正相关关系说明，伴随着农产品出口贸易的增加，也出口了大量的隐含碳，这些隐含碳消耗了国内大量的能源和资源，导致国内碳排放量增加。目前我国已经成为世界最大的温室气体排放国，而农产品是温室气体排放的重要来源。

表 4-5　　2001～2015 年中国农产品出口隐含碳排放量及比重

年份	中国商品出口总额（亿美元）	农产品出口额（亿美元）	中国出口隐含碳排放总量（亿吨）	农产品出口隐含碳排放量（亿吨）	农产品出口额占中国商品总出口额比重（%）	农产品出口隐含碳占总出口隐含碳比重（%）
2001	2660.98	154.5	12.68	0.3128	5.81	2.47
2002	3255.96	173.99	13.75	0.3754	5.35	2.73

续表

年份	中国商品出口总额（亿美元）	农产品出口额（亿美元）	中国出口隐含碳排放总量（亿吨）	农产品出口隐含碳排放量（亿吨）	农产品出口额占中国商品总出口额比重（%）	农产品出口隐含碳占总出口隐含碳比重（%）
2003	4382.28	206.6	18.80	0.4465	4.71	2.38
2004	5933.26	224.69	25.94	0.4876	3.79	1.89
2005	7619.53	265.57	33.18	0.5729	3.49	1.73
2006	9689.36	304.52	41.38	0.6435	3.14	1.56
2007	12177.76	360.51	34.39	0.4567	2.96	1.33
2008	14306.93	392.88	39.63	0.4727	2.75	1.19
2009	12016.12	382.12	34.01	0.4690	3.18	1.37
2010	15777.54	476.94	47.41	0.6145	3.02	1.30
2011	18983.81	589.14	59.90	0.7924	3.10	1.32
2012	20487.14	611.1	65.40	0.8385	2.98	1.28
2013	22090.04	653.66	69.83	0.8784	2.96	1.26
2014	23421.89	693.63	72.99	0.9090	2.96	1.25
2015	22866.21	682.32	70.82	0.9043	2.98	1.28

资料来源：出口贸易额来源于联合国贸易统计数据库。

从中国农产品出口贸易隐含碳排放占中国总出口隐含碳排放比重来看，农产品出口隐含碳并不高，并有下降的趋势，历年农产品出口贸易隐含碳比重要略低于农产品出口贸易额比重，说明农产品出口碳排放没有发生恶化。但值得注意的是，近年来，农产品出口隐含碳增长速度已经超过农产品出口贸易增长速度，2007~2015年，农产品出口贸易年均增长率为8.3%，农产品出口隐含碳排放年均增长率为8.91%，超过农产品出口增长速度0.61%。与此同时，同期中国总出口隐含碳排放增长率为9.45%，农产品出口贸易隐含碳排放的增长速度已经接近中国总出口隐含碳排放增长速度。这充分说明农产品出口隐含碳排放效率有所下降，能源的利用效率在下降，农业节能减排需要重视。

农产品出口贸易隐含碳排放不同于工业品，工业品在生产、运输、销售等过程中只是碳排放问题，但农产品在生产环节是碳汇或固碳的重要载体，农产品对碳排放的贡献除了产生直接或间接的碳排放外，还包括碳汇的减排效应。因此，本书也试图计算出口农产品的减排效应，即在农产品出口碳排放量中扣除其碳汇量得到农产品出口贸易隐含碳净排放量。农业的碳吸收功能主要是通过绿色植物的光合作用实现，作物是吸收和固定大气中二氧化碳的主要动力，农产品生产过程中的碳汇考虑主要作物生长全生命周期的碳吸收。借鉴田云（2013）、李翠菊（2012）碳汇的计算方法，计算公式为

$$AC = \sum_i AC_i = \sum_i \frac{c_i Y_i}{H_i} \tag{4.7}$$

其中，AC 为农作物碳吸收总量；i 表示农作物种类；c_i 为农作物碳吸收率；Y_i 为农作物的经济产量，这里指农作物的出口量；H_i 为农作物经济系数。本书选取稻谷、小麦、玉米、豆类、棉花、蔬菜、水果、花生、烟叶九类主要出口农作物计算中国出口农产品碳汇量。则农产品出口贸易隐含碳净排放量为

$$C_{net} = EC - AC \tag{4.8}$$

农作物出口量来自相关年份《中国农业年鉴》，农作物的碳吸收率与经济系数引自田云等（2013）相关文献。出口农产品碳汇量及农产品出口贸易隐含碳排放净值，如表 4-6 所示。显然，考虑碳汇因素后的农产品出口隐含碳排放净值要低于农产品出口隐含碳排放量，2001~2003 总量与净值之间差距略大，而 2004 年以后，总量与净值之间差距缩小。

这是由于出口农产品碳汇量由高变低，尤其从2008年起，基本保持稳定。因此，如果要降低农产品出口贸易隐含碳排放量，增加出口农产品碳汇的将是有效的途径之一。

表4-6　　　　2001~2015年农产品出口隐含碳净排放　　　　单位：亿吨

年份	出口农产品碳汇量	农产品出口隐含碳净排放量
2001	0.1295	0.1833
2002	0.2159	0.1595
2003	0.3016	0.1449
2004	0.0868	0.4008
2005	0.1666	0.4063
2006	0.1226	0.5209
2007	0.138	0.3187
2008	0.0794	0.3933
2009	0.0777	0.3913
2010	0.0743	0.5402
2011	0.0834	0.709
2012	0.0806	0.7579
2013	0.0814	0.797
2014	0.0805	0.8285
2015	0.0811	0.8232

4.4.1.2　农产品与工业产品出口贸易隐含碳的比较

本书计算了16个主要出口工业部门出口隐含碳排放量，对比同期农产品出口隐含碳排放量，见表4-7。工业部门是按照投入产出表各行业为基础划分，并将相关行业合并（见表4-8）。具体计算结果表明，相对于碳排放密集型的工业部门而言，中国农业的出口隐含碳排放量较低，属于低碳出口行业。电气机械及器材制造业是出口隐含碳最多的工业部门，2015年出口隐含碳高达125509.8万吨，约为农产品出口隐含碳排放的13.88倍，机械设备制造业、通信设备、电子设备制造业、化工这些高碳密集行业的出口二氧化碳排放也是农产品出口二氧化碳排放的10倍左右。虽然农产品出口隐含碳低于碳排放密集型工业部门，但是，农产品出口隐含碳排放量却高于另一些工业部门，如采矿业、石油炼焦业、工艺品及其他制造业。这说明处于从传统农业向现代农业过渡阶段的中国农业已绝非是传统农业时期的低碳行业，由于现代农业生产已经有了工业生产的特点，化肥、农药以及农业机械的使用是现代农业生产的重要手段，化肥和农药以及农业机械的高能耗、高污染的弊端已经被人们逐渐认识，它们不仅影响土壤的有机构成、农作物的农药残留和食品安全，而且化肥和农药的生产过程以及农业机械的使用过程，本身消耗大量的化石能源，从而产生大量的二氧化碳的排放；农产品加工制造业更是农业在工业领域的延伸。因此，现代农业甚至可以称之为"高碳农业"。

表4-7　　　　中国农业及主要工业部门出口隐含碳排放量　　　单位：万吨

类别	2001年	2005年	2007年	2010年	2012年	2013年	2015年	年均增速
农产品	3128.98	5729.12	4567.30	6144.86	8384.89	8784.14	9042.7	7.88%
采矿业	1742.27	5227.70	3400.28	4496.86	5448.25	5756.35	4102.164	6.31%
纺织品、皮革	9870.17	52881.21	40132.38	51218.18	67078.66	73224.51	77561.9	15.86%
木材加工及木制品业家具制造业	3871.07	14406.97	10905.87	15104.30	23874.99	25693.41	27396.16	15.00%

第4章 中国农产品出口贸易隐含碳排放总体测度及结构分析

续表

类别	2001年	2005年	2007年	2010年	2012年	2013年	2015年	年均增速
造纸及印刷业、复制业、文教业	5904.37	12720.36	10069.50	12244.23	16370.32	16799.79	13646.27	6.17%
石油及核燃料加工业炼焦业	2078.77	5441.03	3383.93	4706.76	5747.52	6144.52	4389.725	5.48%
化学工业	10761.48	41539.29	32516.43	48925.03	69882.57	72398.05	78831.65	15.29%
橡胶和塑料制品业	3519.54	11556.89	9703.57	13987.40	22214.31	23880.67	24358.03	14.82%
非金属矿物制品	2689.91	9311.34	7027.55	11208.60	20740.96	23066.34	24639.43	17.14%
金属冶炼和压延加工业	5228.62	30009.94	31893.34	30523.88	46311.74	47517.52	51573.01	17.76%
金属制品业	9741.55	36501.79	28688.74	38368.03	52849.26	53907.43	54007.38	13.01%
机械设备制造业	13740.23	62187.93	45669.63	67396.81	87275.70	87327.81	82095.12	13.62%
交通运输设备制造业	3589.36	16622.35	15369.70	26507.40	34298.99	31093.65	31514.82	16.79%
电气机械及器材制造业	18375.39	66359.46	56919.07	80665.30	106808.18	119108.60	125509.8	14.71%
通信设备、电子设备制造业	11310.81	46013.85	37479.85	52556.80	69629.07	77390.87	72645.53	14.21%
仪器仪表及文化、办公用机械制造业	2960.46	11555.09	7631.27	11449.15	17142.96	17358.99	20914	14.99%
工艺品及其他制造业	1802.68	3553.61	2847.08	4572.09	8126.80	8773.11	缺少	14.10%

表 4-8　　　　　　　　　　　工业部门说明

122/135 投入产出表编码	139 投入产出表编码	行业名称
6~10	6~11	采矿业
25~31	26~33	纺织品、皮革
32~33	34~35	木材加工及木制品业家具制造业
34~36	36~38	造纸及印刷业复制业文教业
37、38	39~40	石油及核燃料加工业炼焦业
39~47	41~49	化学工业
48、49	50~51	橡胶和塑料制品业
50~56	52~58	非金属矿物制品
57~62	59~63	金属冶炼和压延加工业
63、64、65	64~66	金属制品业
66~72	67~74	机械设备制造业
73~76	75~79	交通运输设备制造业
77~81	80~85	电气机械及器材制造业
82~87	86~91	通信设备、电子设备制造业
88、89	92、93	仪器仪表及文化、办公用机械制造业
90	94	工艺品及其他制造业

2001~2015年主要工业部门出口贸易隐含碳排放的年均增速较高，大部分超过农产品出口贸易隐含碳排放增长速度。例如，金属冶炼和压延加工业出口隐含碳排放量年均增长17.76%，另外，非金属矿物制品年均增长17.14%，16个工业部门中有13个部门出口隐含碳排放增长速度超过13%，只有采矿业（6.31%）、造纸及印刷业（6.17%）、石油及核燃料加工及炼焦业（5.48%）低于农产品部门。可见，工业部门仍然是我国整体出口贸易隐含碳排放水平保持上升的重要原因。相对工业，农业部门能源消耗量较小，出口贸易隐含碳排放量更少。但是从目前的增长速度7.88%来看，农产品部门已经成为我国出口隐含碳排放增长的一个不可忽视的因素。特别是随着现代农业的工业化发展，农业机械化

水平的提高，以及农业生产中大量使用化肥、农药、塑料薄膜的产业，其能源消耗和碳排放水平完全不亚于一些工业部门的影响，另外，农产品加工、包装、运输、存储、销售出口的过程对能源的消耗也不断提高。降低农产品出口隐含碳年增长率水平同样不容乐观。

4.4.2 农产品出口贸易隐含碳排放结构分析

在农产品出口二氧化碳排放量总体分析基础上，进一步计算分析中国农产品出口贸易隐含碳排放的商品来源结构、能源分布结构和碳排放技术结构。

4.4.2.1 农产品出口贸易隐含碳商品结构

本书分类计算 2001~2015 年农产品各部门出口隐含碳排放量及所占比例（见表 4-9）。如图 4-1 显示，2001~2015 年 8 个农产品部门出口贸易隐含碳排放存在明显差异。

表 4-9　　　　　　　2001~2015 年中国农产品
　　　　　　各部门出口隐含碳排放量　　　　　单位：万吨

年份	农业	林业	畜牧业	渔业	食品加工业	食品制造业	酒、饮料制造业	烟草制造业
2001	881.58	14.93	46.12	503.61	1376.04	133.81	145.18	27.71
2002	1057.90	17.92	55.35	604.33	1651.24	160.57	174.21	33.25
2003	1559.74	17.41	47.65	681.43	1538.67	426.99	162.06	32.00
2004	1334.83	16.89	47.71	830.39	1909.11	507.52	198.40	31.43
2005	1676.32	23.49	47.07	880.05	2239.09	627.52	203.05	32.52
2006	1747.99	29.33	46.15	944.55	2615.75	732.01	286.04	33.26

续表

年份	农业	林业	畜牧业	渔业	食品加工业	食品制造业	酒、饮料制造业	烟草制造业
2007	1329.28	22.72	29.54	451.29	2002.14	526.57	154.61	51.14
2008	1294.93	42.46	37.66	468.16	2107.36	581.81	164.83	57.65
2009	1407.45	48.93	33.59	631.13	1776.96	571.60	150.90	70.04
2010	1910.26	63.69	36.33	864.82	2239.53	742.41	201.92	85.90
2011	2366.57	100.37	47.63	1124.33	2935.86	985.57	263.99	100.18
2012	2231.42	103.31	49.42	1177.82	3362.18	1043.58	305.22	111.93
2013	2470.62	116.25	48.30	1277.99	3342.68	1110.37	302.88	115.05
2014	2862.53	155.32	48.97	1226.17	3293.96	1067.55	347.74	87.49
2015	3073.17	155.16	50.19	1165.35	3002.75	1110.71	393.45	91.84
年均增长	8.97%	18.65%	0.39%	8.07%	7.68%	19.28%	6.32%	12.60%

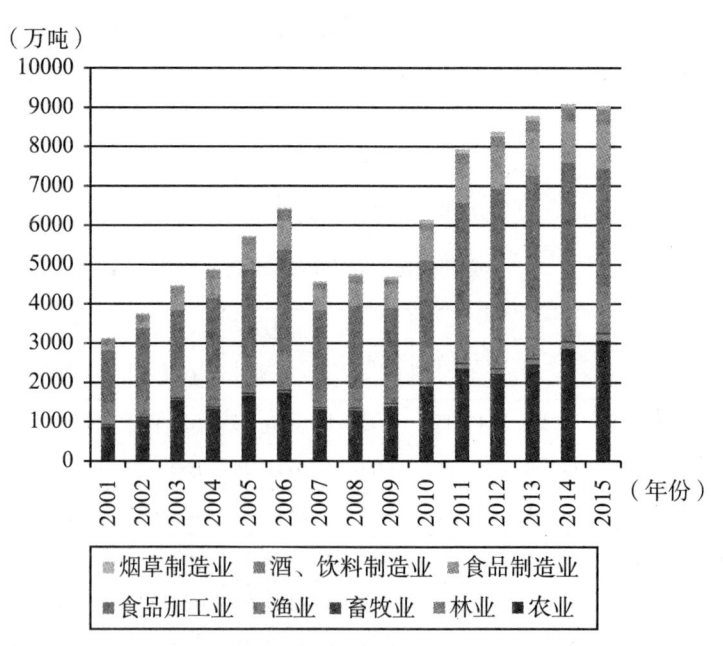

图4-1　2001~2015年中国农产品各部门出口隐含碳量趋势

第 4 章
中国农产品出口贸易隐含碳排放总体测度及结构分析

食品加工业是农产品出口贸易隐含碳排放的最主要来源，2001 年排放量为 1376.04 万吨，所占比例高达 42.7%，2006 年排放量飙升至 3727.96 万吨，比例却略有下降 40.65%，2012 年为 3362.18 万吨，占比 40.1%，2013 年为 3342.67 万吨，占比 38.05%，2014 年和 2015 出现下滑，分别为 3293.96 和 3002.75 万吨，所占比例相应下降为 36.24% 和 33.21%。历年平均占农产品出口贸易隐含碳的 37.91%，2008 年甚至占到了总农产品出口贸易隐含碳排放的 44.32%，虽然近几年有所减少，例如，相比 2008 年，2015 年降低了 10 个百分点，但无论是从数量还是比重来看，其出口二氧化碳排放量远超过其他 7 个部门，是农产品出口隐含碳的第一大来源部分。

农业部门主要指种植业，主要包括稻谷、小麦、玉米、豆类等粮食作物与蔬菜、水果等园艺类农产品。随着农业生产机械化发展，石化燃料的使用以及化肥农药中间投入品的大量投入，传统农业越来越具有工业生产的特点。与此同时，农业部门是农产品碳汇的主要来源部门。按照本书的农产品分类，碳汇量主要来自这一部门。如果考虑碳汇，2001~2003 年，由于出口农产品碳汇量大于碳排放量，农业部门碳排放为负效应，而 2004 年以来，农业部门出口碳排放量增长迅速，碳排放量大大超过碳汇量，2010 年农业部门开始成为第二大农产品出口隐含碳来源。如果不考虑碳汇效应，农业部门从 2001 年就是第二大农产品出口隐含碳来源，2001 年出口隐含碳排放量为 881.58 万吨，所占比例为 27.14%，至 2014 年已经达到 2862.53 万吨，2015 年甚至超过食品加工业，出口隐含碳排放量为 3073.17 万吨，占比 33.99%，成为出口贸易隐含碳排放最高的农产品部门。历年平均占农产品出口贸易隐含碳的 29.8% 左右。

渔业和食品制造业出口隐含碳排放量居中，历年平均所占比重分别为 13.32% 和 12.26%。渔业是第三大农产品出口隐含碳来源部门。渔业是农业行业中能源消耗水平较高的领域，渔业出口隐含碳排放主要来自出口鱼类的捕捞、养殖、加工、运输、保鲜、冷藏等领域以及渔用机具制造、鱼药生产、渔用饲料、渔业建筑等其他领域。2001 年渔业出口隐含碳排放量为 503.61 万吨，占比 15.04%，2004 年最高比重达到 17.03%，除 2007 年和 2008 年比重下降到 10% 以下，其他年份保持在 15% 左右，2013 年出口隐含碳排放量为 1277.99 万吨（14.55%），2015 年为 1165.35 万吨（12.89%），略有下降。食品制造业是第四大出口隐含碳来源部门。2001~2004 年，食品制造业较渔业的出口二氧化碳排放水平还低很多，例如，2001 年为 133.81 万吨，低于渔业 400 万吨左右，但是随着该行业迅速发展，2004 年以后与渔业的排放水平差距大大缩小，2007 年和 2008 年还超过了渔业出口隐含碳排放水平，2009~2015 年与渔业排放水平和所占比重都相似。

林业、畜牧业、酒和饮料制造业、烟草制造业出口隐含碳排放量较少。其中林业排放所占比例不到 1%，酒和饮料制造业所占比例约为 3.6%，畜牧业和烟草制造业相似，所占比例在 1.3% 左右。从变化量来看，林业从 2001 年的 14.93 万吨增加到 2015 年的 155.16 万吨，翻了 10.39 倍；酒和饮料制造业从 2001 年的 145.18 万吨增加到 2015 年的 393.45 万吨，翻了 2.71 倍；畜牧业从 2001 年的 46.12 万吨增加到 2015 年的 50.19 万吨，基本没有变化；烟草制造业从 2001 年的 27.71 万吨增加到 2015 年的 91.84 万吨，翻了 3.31 倍。可见林业出口隐含碳排放比例虽然小，但比较其他三个行业增长速度很快，烟草和酒及饮料制造业隐含碳增速较平缓，畜牧业则没有太多变化。

以上农产品出口隐含碳排放的绝对量考察，食品加工业和农业属隐含碳出口最多的部门，渔业和食品制造业属隐含碳出口较多的部门，林业、畜牧业、饮料制造业和烟草制造业属隐含碳出口较少的部门。

4.4.2.2 农产品出口贸易隐含碳能源结构

农产品出口贸易隐含碳直接来源于农产品生产加工中的8种能源消耗，识别其中重要的隐含碳排放源、了解能源分布结构，才能从源头上制定针对性的管理措施，从而有效治理农业污染问题。本书测算了2001~2015年农产品出口贸易隐含碳能源分布，农产品出口隐含碳能源分布结构见表4-10。

表4-10　　　　2001~2015年农产品出口隐含碳能源分布　　　单位：万吨

年份	煤炭	焦炭	原油	汽油	煤油	柴油	燃料油	天然气
2001	2074.623	124.7489	566.0506	55.50516	11.9848	158.6705	84.6942	52.8597
2002	2445.513	166.782	729.8943	69.36124	14.60269	197.8654	101.7585	71.60017
2003	2816.403	208.8151	893.7379	83.21732	17.22058	237.0603	118.8227	90.34063
2004	3112.62	224.2487	944.9917	91.4791	19.79211	274.0245	123.7288	85.79244
2005	3716.539	300.5399	1059.562	99.37608	21.73156	315.3089	111.667	108.2615
2006	4195.046	387.9623	1128.509	109.2448	23.99778	345.018	116.8442	127.7664
2007	3052.4007	229.1855	720.7476	81.5875	17.3599	292.8093	67.6294	105.5953
2008	3230.5538	229.3529	75.8507	18.7739	249.6906	51.1878	790.0331	109.4211
2009	3197.0318	223.5559	68.9370	19.3250	230.9192	41.3199	798.8893	110.6205
2010	4145.3011	276.8374	91.5208	29.0048	295.3722	80.5116	1106.5395	159.5438
2011	5402.7592	380.8401	113.6182	35.3522	370.0989	92.2490	1353.4746	224.5763
2012	5675.8972	407.3075	1369.3563	131.3018	37.7773	419.3887	99.2839	244.5807
2013	5948.9390	427.7430	1436.3914	136.3795	39.3539	434.1094	104.1146	257.1077
2014	6081.4241	343.2743	1558.635	158.3605	49.33179	455.4306	126.2093	317.04428
2015	5919.6172	351.0955	1638.4796	174.2627	54.9999	447.2940	139.3946	317.4807

续表

年份	煤炭	焦炭	原油	汽油	煤油	柴油	燃料油	天然气
2007~2015年均增长率	8.63%	5.48%	10.81%	9.95%	15.51%	5.44%	9.46%	14.75%
2001~2015年均增长率	7.78%	7.67%	7.89%	8.52%	11.50%	7.68%	3.62%	13.66%

首先，从纵向时间序列来看，分2001~2015年（长期）和2007~2015年（近期）两个时间段来考察。长期从2001~2015年均增长率来看，8种能源消费所引致的农产品出口隐含碳的增长速度比较平均，其中增速最快的为天然气（13.66%）和煤油（11.5%）；其次为汽油（8.52%）；原油、煤炭、焦炭、柴油以基本相同的速度增长（7.7%）；燃料油增速最慢（3.62%）。2007~2015年8种石化能源消费所产生的农产品出口隐含碳都以较快的速度增长，煤油、天然气仍然是增长速度最快的，这2种能源使用所导致的农产品出口隐含碳排放年均增长率分别达15.51%和14.83%；原油、汽油和燃料油所导致的农产品出口隐含碳排放均以10%左右的速度增长，可见近年来燃料油使用所致碳排放增速加快；煤炭所引致的隐含碳排放年均增长率达8.63%，较长期略有增长；而柴油和焦炭引发的隐含碳排放年均增速为5.5%，较长期有所降低。

其次，从横向某一年度的出口隐含碳能源分布来看，在此以2015年为例，由表4-11数据可知，煤炭是农产品出口贸易隐含碳的最主要能源释放体，占当年全部出口隐含碳排放的65.46%；之后为原油，占出口隐含碳排放的 18.12%；柴油和焦炭大体相当，占 4.95% 和 3.88%；汽油、煤油、燃料油、天然气消耗所带来出口隐含碳排放均较少。

表 4-11　　　2015 年农产品各部门出口隐含碳能源分布　　　单位：万吨

出口农业部门	煤炭	焦炭	原油	汽油	煤油	柴油	燃料油	天然气
1 农业	2070.2630	133.1156	588.5930	31.5682	10.0732	75.2343	49.8503	114.4716
2 林业	95.2654	6.8916	35.4672	2.5316	0.8383	5.9392	2.6202	5.6092
3 畜牧业	32.6864	1.8395	8.4421	1.1737	0.3435	3.2647	0.7390	1.6988
4 渔业	717.6564	42.7419	254.7853	24.7287	7.8512	60.8740	17.7752	38.9407
5 食品加工业	1917.3299	107.3247	505.3683	80.3906	24.9260	219.5352	45.7712	102.1048
6 食品制造业	757.2915	40.6077	168.0929	23.8756	7.7029	59.5289	15.6726	37.9388
7 酒和饮料制造业	265.8188	15.3047	63.5661	8.1166	2.6481	18.8298	5.6605	13.5018
8 烟草制品业	63.3059	3.2698	14.1647	1.8778	0.6166	4.0879	1.3055	3.2150
占比	65.46%	3.88%	18.12%	1.93%	0.61%	4.95%	1.54%	3.51%

农业领域的三大能源消费分别是煤炭、原油和电力，农产品出口隐含碳排放能源分布结构与农业生产能源消费结构相一致。这说明农产品出口贸易隐含碳排放的增加与农业生产中能源消费的增加紧密联系。从农产品出口隐含碳排放的能源结构分析来看，煤炭、原油、柴油、焦炭作为农产品主要出口贸易隐含碳排放源，近年来不仅以较快的速度增长，而且在各部门所占比重保持稳定、居高不下，表明能源消费结构仍然有不合理趋势，农业直接节能减排的潜力主要应在提高能源利用效率和优

化能源利用结构上。

4.4.2.3 农产品隐含碳排放技术结构

农业中间投入代表着农业科技进步水平，农产品碳排放系数反映了农业节能减排技术，碳排放系数又被称为技术系数。本书通过计算农产品各部门的隐含碳排放系数，来测算农产品隐含碳排放技术结构。由农产品出口贸易隐含碳排放计算公式可知，R 为农产品直接碳排放系数，$R(I-A)^{-1}$ 为农产品完全碳排放系数。本书第 4.4.1 节已经计算了农产品完全碳排放系数，在此基础上，补充农产品直接碳排放系数，将二者置于图 4-2 中进行对比说明。

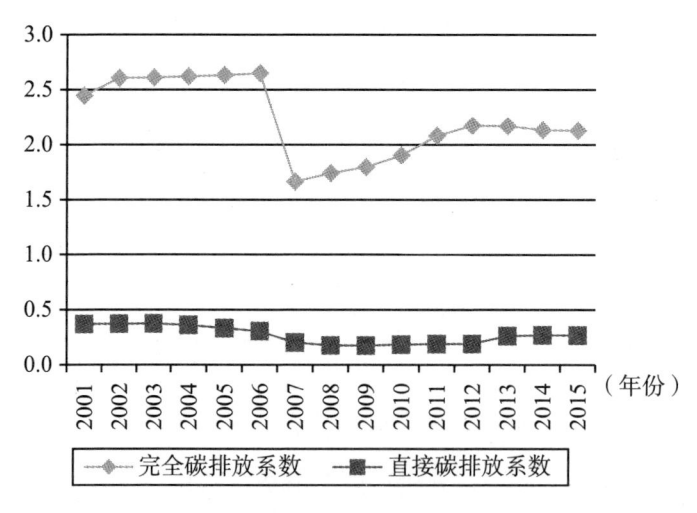

图 4-2 2001~2015 年农产品完全碳排放
系数与直接碳排放系数对比

从直接碳排放系数和完全碳排放系数走势对比图 4-4 中来看，二者存在明显的差异。首先，完全碳排放系数是直接碳排放系数的 8~11 倍，农产品生产出口全过程中由于消耗中间投入而消耗了更多的能源，排放

第4章
中国农产品出口贸易隐含碳排放总体测度及结构分析

出更多的二氧化碳,例如,化肥使用、农膜使用、机械化生产、自动化管理等过程都将增加生产过程中的间接碳排放,农产品中间投入品的能源消耗是可能最终生产过程的10倍。中国现代农业已不再是传统农业时期的低碳行业。其次,完全碳排放系数变动较直接碳排放系数变动剧烈,直接碳排放系数相对平缓,这说明完全碳排放系数更能准确、灵敏地反映农业生产和出口中二氧化碳排放的波动趋势,是衡量碳排放强度更准确的指标。最后,二者变化并不完全一致。由于完全碳排放涉及农产品生产、加工的链条上全部的二氧化碳排放,同时农产品生产、加工的链条不断延长,作为衡量整个生产链的技术进步的完全碳排放系数与仅衡量单一生产环节技术进步的直接碳排放系数一定程度上存在差异。本书列举2001年、2007年、2012年、2015年这4年共8类农产品部门的直接碳排放系数以及完全碳排放系数进行具体分析,见表4-12。

首先,从总体变化趋势来看,农产品碳排放系数逐年降低。农产品直接碳排放系数下降幅度较大,其中烟草制品业是直接碳排放系数年均下降率最多的部门(-13.16%),其后依次为食品加工业、酒和饮料制造业、食品制造业、农林牧渔业(-4.93%、-4.61%、-3.40%、-2.88%);农产品完全碳排放系数也发生了下降,但是降幅远低于直接碳排放系数,例如,渔业完全碳排放系数年均下降率为-3.6%,其后食品制造业和酒和饮料制造业年均下降率分别为-1.59%和-1.55%,其中,农业、林业、烟草制品业的完全碳排放系数甚至出现反弹,与其大幅降低的直接碳排放系数完全相悖。农产品二氧化碳排放强度的降低趋势与"十一五"以来农业部门推行节能减排政策紧密相关,2011年以来

表4-12 农产品各部门碳排放系数

单位：吨二氧化碳/万元

部门	直接碳排放系数 2001年	2007年	2012年	2015年	年均变化率	完全碳排放系数 2001年	2007年	2012年	2015年	年均变化率	出口年均增长率
1 农业	0.3002	0.2389	0.1758	0.1994	-2.88%	2.2648	1.6392	2.2159	2.4311	0.51%	11.01%
2 林业	0.3002	0.2389	0.1758	0.1994	-2.88%	1.6446	1.1177	1.5138	1.7816	0.57%	19.94%
3 畜牧业	0.3002	0.2389	0.1758	0.1994	-2.88%	1.6178	1.0298	1.3433	1.3481	-1.29%	4.02%
4 渔业	0.3002	0.2389	0.1758	0.1994	-2.88%	2.3474	1.2218	1.6474	1.4042	-3.60%	12.41%
5 食品加工业	0.3875	0.1174	0.1598	0.191	-4.93%	2.6452	1.7482	2.2749	2.2386	-1.19%	10.39%
6 食品制造业	0.5134	0.2226	0.3256	0.3167	-3.40%	3.2082	2.1938	2.9243	2.5638	-1.59%	13.31%
7 酒和饮料制造业	0.6382	0.2761	0.2950	0.3298	-4.61%	3.3839	2.2433	3.0237	2.7204	-1.55%	10.53%
8 烟草制品业	0.2236	0.0591	0.0469	0.0310	-13.16%	0.8670	1.0478	1.4055	1.0911	1.66%	9.36%
几何平均值	0.3510	0.1853	0.1697	0.1773	-4.03%	2.1293	1.4949	1.9959	1.8541	-0.82%	10.51%

第4章
中国农产品出口贸易隐含碳排放总体测度及结构分析

农业部提出两型农业建设目标,要求提高农业资源利用率、降低能源消耗、减少污染排放以提升农业可持续发展能力。本书的计算结果一方面说明我国农业节能减排措施及政策取得了成效,另一方面说明目前农业的节能减排是以直接能耗的降低为主,间接节能减排并不显著。由于农产品生产中间投入消耗大量石化能源,排放大量二氧化碳,在一定程度上大大抵消了直接能耗降低带来的二氧化碳减排效果。

其次,何建坤等(2004)指出,从某种程度上碳排放系数下降率可反映能源利用和相应碳排放的经济效益提高程度。徐家鹏(2016)认为,碳排放系数的下降率大于GDP的增长率时才能实现二氧化碳的绝对减排。引申到农产品出口贸易中,只有碳排放系数的下降率大于出口额的增长率才能实现出口二氧化碳的绝对减排。经计算,我国二氧化碳完全排放系数由2001年的2.1293吨/万元下降至2015年的1.8541吨/万元,二氧化碳排放强度年均下降率为-0.82%。将2001~2015年我国单位农业产值二氧化碳排放系数年均下降率与农产品出口额增长率比较发现,无论是8类农产品分项还是农产品总类,我国单位农业产值二氧化碳排放强度年均下降率均大大小于农产品出口年均增长率,我国农产品出口贸易中暂没有能实现碳绝对减排。

最后,表4-12数据表明农产品的完全碳排放系数大大超过其直接碳排放系数,后者约为前者的10倍。可能的原因在于,我国农业生产利用化学肥料、农药、农膜、饲料、燃料等现代工业品作为中间投入,这些产品在生产、运输、使用以及废弃物处置全过程释放大量的二氧化碳,使得农产品生产过程中的碳排放大大上升。这同时也说明我国农业减排还存在很大的空间。农业中间投入代表着农业科技进步水平,农产品碳排放系数反映了农业节能减排技术,因此,提高中国农产品加工、生产中间环节的生产技术水平,加大清洁能源的使用,将可以显著地降低中国农产品生产的单位完全能耗,从而显著地减少农产品生产产生的完全碳排放。

4.5 本章小结

本书通过建立投入产出模型,使用2001~2015年数据对我国农产品出口贸易中的隐含碳排放从总体和结构进行测算,得出以下基本结论:

(1)我国农产品出口贸易隐含碳排放量呈明显的增长趋势,农产品出口贸易中的隐含碳排放量随着出口贸易规模的扩大逐年增加,2007~2015年,农产品出口贸易隐含碳的年均增速达到8.91%,超过农产品出口贸易的年均增速。同时,农产品出口二氧化碳排放量已经超过一些工业部门的出口二氧化碳排放量(如采矿业、木材加工家具制造业、石油炼焦业、工艺品制造业),我国农业已不再是传统农业时期的低碳行业。

(2)从农产品出口隐含碳的商品结构来看,各农产品部门对出口二氧化碳排放的贡献度不同,食品制造业、食品加工业、农业的相对出口隐含碳排放密集度较高,林业、畜牧业和烟草制造业的相对出口隐含碳排放密集度较低,农产品出口商品结构的优化,将有效减少农产品出口贸易中的二氧化碳排放;从农产品出口隐含碳的能源分布来看,煤炭、原油、柴油、焦炭是农产品出口贸易隐含碳主要排放源,近年来不仅增速较快,而且在各部门所占比重居高不下,出口农产品能源消费结构仍然有不合理趋势,农业节能减排的潜力主要应在提高能源利用效率和优化能源利用结构上;从农产品出口隐含碳的技术结构来看,农产品完全

第4章
中国农产品出口贸易隐含碳排放总体测度及结构分析

碳排放系数远远高于直接碳排放系数,农产品生产由于耗费大量化肥、农药、农膜、农业机械等中间投入品,使得农产品生产链上总体二氧化碳排放水平大大上升,因而要降低中国农产品生产出口过程中的碳排放,必须提升农产品生产中间环节技术水平和能源利用效率。

第5章
中国农产品出口贸易隐含碳排放的驱动因素分解

格罗斯曼和克鲁格（1991）对北美自由贸易协定（North American Free Trade Agreement，NAFTA）的环境效应的分析和研究，首次提出国际贸易对环境的影响主要来源于规模效应（scale effect）、技术效应（technique effect）和结构效应（composition effect）三个方面。根据贸易环境效应理论，农产品出口贸易对隐含碳排放的影响受到三种效应的交互影响。本章利用贸易开放环境效应理论，分析农产品出口规模扩大效应、技术进步效应和结构变动效应与其出口二氧化碳的关系，实证分析三种因素对我国农产品出口贸易隐含碳增长变化的影响正负方向和贡献度大小。采用因素分解法不仅从农产品总体而且从农产品分部门研究影响我国农产品出口隐含碳增长的驱动因素，并通过横向和纵向比较，分析不同时期各驱动因素影响的正负向及强弱大小，分析三个阶段农产品

第 5 章
中国农产品出口贸易隐含碳排放的驱动因素分解

出口隐含碳排放量不同变化特征的深层原因，为国际碳减排责任划分原则提供现实依据。

5.1 隐含碳排放主要驱动因素

5.1.1 规模因素

农产品出口贸易是引发中国环境污染总量激增的主要因素（匡远配等，2011）。在过去相当长的一段时间里，我国农产品出口走的是高投入、高消耗和低效益的粗放型发展模式，环境破坏、资源消耗较为严重，农产品的生产、加工、运输过程中带来一系列的污染排放，因此出口规模的扩大，意味着大量消耗资源和污染排放物的增加。

图 5-1 显示了我国 2001~2015 年农产品出口贸易隐含碳排放量的总体变化，以及与我国农产品出口贸易的关系。可以看出，二者呈现正相关变化关系，即随着中国农产品出口贸易额的增加，其隐含碳排放量也不断增加。中国农产品出口额从 2001 年的 154.53 亿美元增长至 2015 年 682.32 亿美元，增长 4.42 倍。但实际上 2015 年的农产品出口贸易隐含碳排放量是 2001 年的 3 倍不到，这说明可能存在技术效应或结构效应对隐含碳出口的负向抑制效应。研究时段，中国农产品出口贸易隐含碳排放呈现阶段性变化，总体呈上升趋势。2008 年受全球金融危机影响，农产品出口隐含碳排放量随出口额下滑也呈现下降，但 2010 年后重新大幅回升。根据农产品隐含碳排放量的变化特点，将 2001~2015 年划分为

三个阶段,即快速上升期、转折下降期、稳定增长期。具体见表5-1。

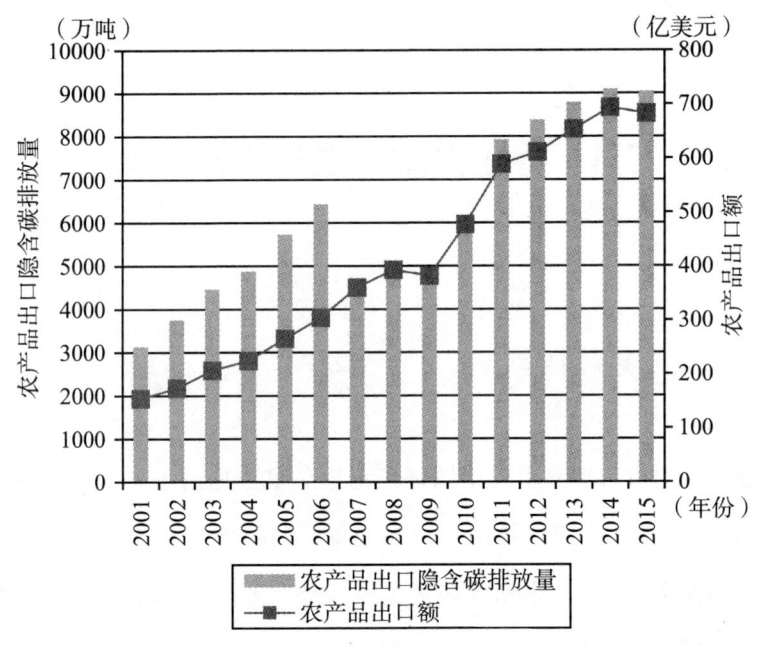

图5-1 2001~2015年中国农产品出口额及其出口隐含碳趋势

资料来源:联合国贸易统计数据库。

表5-1　　　　　　2001~2015年中国农产品出口贸易
隐含碳排放阶段划分及特征

时期	特征	年均增速(%)	平均隐含碳系数(吨/万元)
快速上升期	农产品出口贸易隐含碳排放量迅速增长,增幅大,碳排放系数高,增速较快	16	2.59
转折下降期	农产品出口贸易隐含碳排放量下降,降幅较大,完全碳排放强度降低	-7.6	1.74
稳定增长期	农产品出口贸易隐含碳排放重回增长轨道,增速平稳,碳排放系数缓慢增长	11	2.09

第 5 章
中国农产品出口贸易隐含碳排放的驱动因素分解

快速上升期(2001~2006年)。在此期间,中国农产品出口隐含碳排放规模迅猛增长,从2001年的3128.98万吨增加至2006年6435.08万吨,年均增长率为16%。农产品出口隐含碳排放系数增长速度快,且保持较高值,平均出口隐含碳排放强度为2.59吨/万元,其中2006年达到2.65吨/万元,为当前历史最大值。

转折下降期(2006~2009年)。此期间的农产品出口隐含碳排放呈现大幅下降,经历了3年隐含碳排放回落。2007年比2006年下降了29%,为4567.32万吨。年均增长率为-7.6%。与此同时,农产品出口隐含碳排放强度也发生了下降,2007年下降至1.67吨/万元,接下来的两年中有缓慢回升,碳排放系数平均值为1.74吨/万元。

稳定增长期(2009~2015年)。经过上一阶段的大幅下降转折之后,此阶段中,中国农产品出口贸易隐含碳排放量呈现稳定增长的趋势。年均增速达11%,2009年农产品出口隐含碳排放量恢复到较高水平4690.59万吨,2015年已经达到9042.62万吨。平均碳排放强度为2.09吨/万元。

5.1.2 结构因素

根据赫克歇尔—俄林理论,如果一国碳排放密集度较高的农产品部门成本较低,则该国会扩大生产和出口碳排放密集度较高的农产品,使得该国成为碳排放密集型产业的优势国家,从而又形成更多的污染排放和环境破坏,贸易结构对环境的影响是负效应;相反,如果碳排放密集度较低的农产品部门成本较低,则该国会集中生产并出口碳排放密集度较低的农产品,该国成为清洁农产品产业的优势国家,贸易结构对环境的影响是正效应。由于结构效应分析的是农产品各部门出口比例变动对出口隐含碳排放变动带来的影响，结构效应在农产品各部门间的作用有正有负，必然存在有的农产品部门出口比重上升、另一些农产品部门出口比重下降的现象，这种部门之间此消彼长的作用，使得结构效应必然有正有负，甚至相互抵消，所以结构效应在出口隐含碳排放中的作用是不确定的，可能为正也可能为负，有时候作用不明显。但是毋庸置疑，结构效应是降低隐含碳出口的有效途径，通过促进清洁农产品的出口，提高其出口竞争力和比重，可以大大降低出口中的隐含碳排放量。

根据上一章的分类，本书分别计算了高、中、低度碳排放密集型农产品部门出口比重及其出口隐含碳排放比重，结果见表5-2和图5-2、图5-3、图5-4。我国农产品出口集中度非常高，以农业和食品加工业部门出口占据主导地位，农产品出口种类向少数产品集中的特征较为明显。表5-2数据表明，2001年我国高碳排放密集度的农产品出口比例占47.34%，2005年为49.75%，2010年为46.28%，2015年为45.82%，高碳排放密集度的农产品在出口中的比重居高不下且无明显下降趋势。中度碳排放密集型农产品2001年占比47.22%，2015年为49.27%，略有上升的趋势。轻度碳排放密集型农产品出口仅占出口比重的5%左右。由此粗略估计，我国农产品出口结构以高、中度碳排放密集型为主，农产品的出口结构正朝着碳排放密集型方向发展，目前还没有出现出口结构低碳化的趋势。

表5-2　　　　　主要年份我国农产品出口贸易比重　　　　　单位：%

农产品出口部门	2001年	2005年	2010年	2015年
高度碳排放密集型农产品	47.34	49.75	46.28	45.82
中度碳排放密集型农产品	47.22	46.37	49.13	49.27
低度碳排放密集型农产品	5.44	3.88	4.58	4.91

第 5 章
中国农产品出口贸易隐含碳排放的驱动因素分解

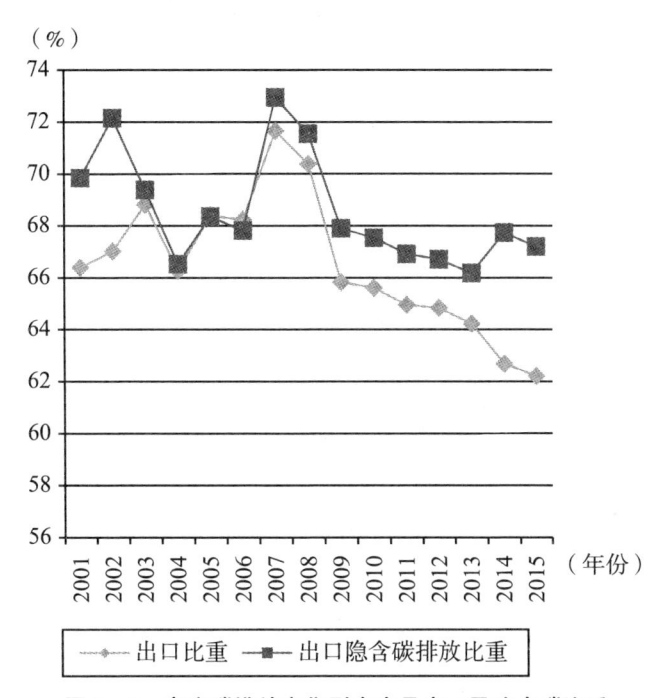

图 5-2 高度碳排放密集型农产品出口及隐含碳比重

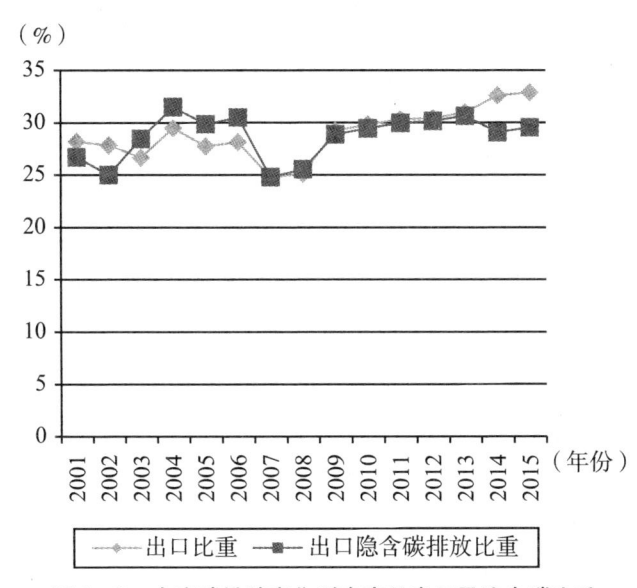

图 5-3 中度碳排放密集型农产品出口及隐含碳比重

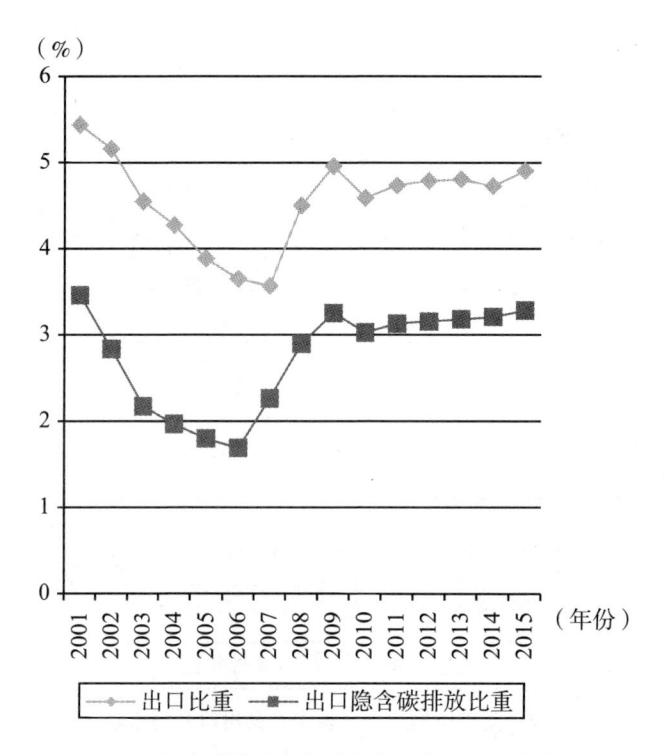

图 5-4　低度碳排放密集型农产品出口及隐含碳比重

图 5-2 中,高度碳排放密集型的农产品隐含碳出口比重高于出口贸易比重,说明高度碳排放密集型农产品出口结构继续朝高投入、高碳化发展,除了规模效应对隐含碳排放的增加作用,结构效应也可能正向推动了出口隐含碳排放量的进一步上升。以传统比较优势的农业部门为例,主要包括园艺产品及谷物、油料作物等,一直以来出口份额较大,2015 年园艺产品出口金额为 170.74 亿美元(根据本书分类 HS06、07、08、09),谷物、油料作物出口金额为 32.22 亿美元。出口比重与出口隐含碳比重变化趋势基本相同,但出口隐含碳比重逐渐超过出口比重,2015 年出口比重分别为 25.02% 和 4.72%,出口隐含碳比重为 28.32% 和 5.68%。图 5-3 中,中度碳排放密集型的农产品隐含碳出口比重与出

贸易比重基本持平，水产品、食品制造、酒和饮料制造产品出口贸易结构与来隐含碳排放的结构基本吻合。图 5-4 中，低度碳排放密集型的农产品隐含碳出口比重大大低于出口贸易比重，说明该部门内部结构低碳化趋势明显，出口结构的优化进一步促进了出口碳排放水平的降低。

5.1.3 技术因素

农业技术的发展与变革，可以提高农业生产率，提高能源使用效率，减少能源消耗和碳排放水平，减轻生产活动对自然环境的负面影响，而且清洁技术对传统技术的取代，不仅能实现资源的循环利用、促进农业生产发展，还可以降低单位产出的碳排放，改善环境质量（Pasche，2002）。但是技术效应并不一定缩减出口贸易中的隐含碳排放，由于技术存在反弹效应，由新能源技术或技术进步引致的直接或间接的作用，如替代效应和收入效应等，使得技术进步对环境的影响仍然存在较大的不确定性。反弹效应可能会在一定程度上甚至全部抵消技术效应改善环境的作用。例如，由于高效率的能源使用技术应用，人们能以更低的价格获得相同的产品和服务，因而产生替代效应可能增加能源消费。同时节约下来的钱可以用于更多其他的产品和服务消费，收入效应也可能增加能源消费需求。因此，正是由于能源反弹效应的幅度有很大不确定性，技术进步对环境的效应未必都是负向抑制作用（Barker et al.，2007）。

出口农产品完全碳排放强度是指行业隐含碳出口量除以行业出口总额，即单位出口碳排放量，它反映了出口部门技术进步水平，代表节能减排技术状况。图 5-5 为 2001~2015 年农产品完全碳排放强度与环比增速。2001~2006 年，我国农业完全碳排放强度不断增加，虽然增速较慢，但是保持2.6吨/万元左右较高水平，农产品单位出口耗能较高。同期，农产品出口隐含碳呈快速上升趋势，除了不断扩大的出口规模推动了农产品隐含碳排放出口，能源利用效率的下降也是出口隐含碳不断上升的原因。2007年完全碳排放强度大幅度降低至1.66吨/万元，比上一年减少37.15%，能源使用效率大大提升，但随后几年碳排放强度反弹，2012年增加到2.17吨/万元。直到2013~2015年，出口碳排放强度连续3年减低，碳排放强度虽然总体上呈下降趋势，但其降速很小，这在一定程度表明，农业能源效率改进空间在逐渐变得狭小，只有加快提升农业节能减排技术，进一步释放农业能源效率提升空间，才能长期有效地降低碳排放。我国农产品出口是一种建立在以消耗大量化学投入品和能源为基础的粗放型贸易方式，随着出口的增长，农产品出口贸易中的隐含碳排放量也迅速增加，农业节能减排技术的应用和推广是实现农产品出口贸易隐含碳排放降低的有效保证。

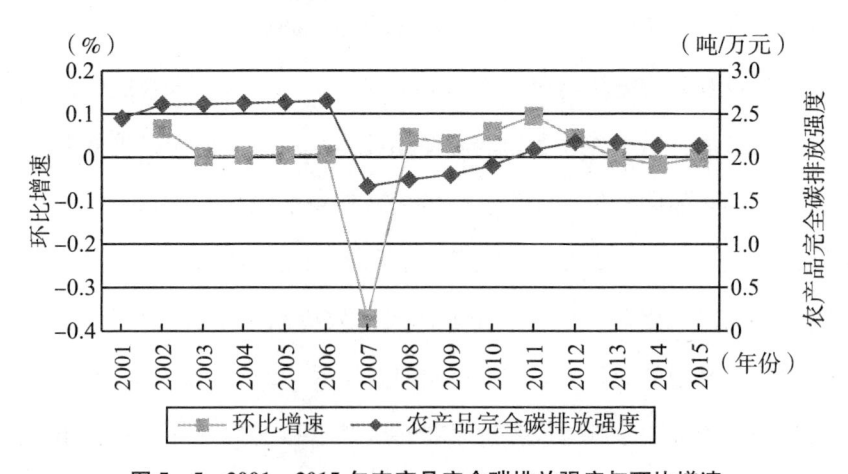

图5-5 2001~2015年农产品完全碳排放强度与环比增速

从以上理论与现实可知，规模效应、结构效应和技术效应对我国农产品出口贸易中的隐含碳排放的出口变化起到了重要的影响，但是各种

第5章
中国农产品出口贸易隐含碳排放的驱动因素分解

影响因素对农产品出口隐含碳排放的贡献度是多少？方向如何？综合效果怎样？需要进一步分析。本书利用 LMDI 分解法从规模效应、结构效应、技术效应三个方面研究影响我国农产品出口隐含碳增长的驱动因素，并通过横向和纵向比较，分析不同时期各驱动因素影响的正负向及强弱大小，分析三阶段农产品出口隐含碳排放量不同变化特征的深层原因。为中国农产品出口部门节能减排、出口贸易结构调整与增长模式转型方面提供必要的政策参考。

5.2 隐含碳排放驱动因素分解方法

关于因素分解分析的方法主要有两类，一类是计量回归，通过回归拟合估计各影响因素的系数，从而研究各影响因素对出口碳排放变化的贡献率。另一类是因素分解法。本书采用因素分解法对影响中国农产品出口贸易隐含碳排放量变化的驱动因素进行分解。

格罗斯曼和克鲁格（1991）对北美自由贸易协定的环境效应的分析和研究，首次提出国际贸易对环境的影响主要来源于规模效应、技术效应和结构效应三个方面。根据贸易环境效应理论，农产品出口贸易隐含碳排放受到规模效应、技术效应和结构效应三种驱动因素的交互影响，因此，其分解模型表达式为

$$EC_i = R_i Y_i = R_i \frac{Y_i}{Y} Y \tag{5.1}$$

上式中，i 为农产品部门；EC_i 为第 i 部门的出口贸易隐含碳排放量，R_i 为第 i 部门的碳排放强度，Y_i 是第 i 部门的出口量，Y 是出口总量。设

$S_i = \dfrac{Y_i}{Y}$，则有

$$EC_i = R_i S_i Y \tag{5.2}$$

设基期为 t_1，报告期为 t_2，第 i 部门从第 t_1 年到第 t_2 年的出口贸易隐含碳排放变动可以表示为

$$\Delta EC_i = EC_i^{t_2} - EC_i^{t_1} = R_i^{t_2} S_i^{t_2} Y^{t_2} - R_i^{t_1} S_i^{t_1} Y^{t_1} \tag{5.3}$$

国内学者采用不同的因素分解法对中国出口贸易隐含碳的影响因素进行研究。例如，兰宜生（2011）利用投入产出偏差模型将中国出口贸易隐含碳的影响因素分解为规模效应、技术效应和结构效应，其中技术效应为正，规模效应为负，而结构效应由负转正；李艳梅等（2010）采用结构因素分解法得出规模效应和生产技术效应是中国出口隐含碳变化的主要影响因素，其他影响因素还包括出口结构、碳排放强度。对数平均迪氏指数法（logarithmic mean divisia index，LMDI）近年来广泛运用于出口贸易隐含碳因素分解分析中，例如，王媛等（2011），杜运苏、孙辉煌（2012），庞军等（2014），贺亚琴等（2015）运用该方法将出口贸易隐含碳（能）的变化分解为规模效应、结构效应、技术效应，得出了较为相似的结论：出口扩大是中国出口碳排放持续高速增长的最重要原因，技术进步和结构调整是降低隐含碳排放的因素，但目前结构效应对隐含碳排放的影响有限。在农产品贸易隐含碳的因素分解研究上，欧阳小迅等（2016）利用 LMDI 法分解技术指出农产品贸易规模是导致其出口隐含碳变化的最重要的原因，结构效应和技术因素是抑制农产品出口贸易隐含碳增长的因素，但是当前结构效应较微弱，技术因素占主要作用；丁玉梅等（2017）研究结果表明 2002～2011 年期间结构效应、规模效应对中国农产品出口二氧化碳排放具有较强的推动作用，而技术效应一定

第 5 章
中国农产品出口贸易隐含碳排放的驱动因素分解

程度上抑制了中国农产品出口二氧化碳排放；齐玮、侯宇硕（2017）采用 LMDI 分解法对农产品出口贸易隐含碳排放的影响因素进行分解，认为碳排放强度降低是推动碳排放减少的主要原因，结构效应正逐渐成为抑制碳排放原因，而规模效应是碳排放增加的主要原因。

由以上研究看出，主要有指数分解法（index decomposition analysis，IDA）和结构分解法（structural decomposition analysis，SDA）两种影响因素分解方法。结构分解法在分解过程中会产生交互项、因素权重的可比性不强等问题，而 IDA 方法因只需使用部门加总数据，适合分解含有较少因素的时间序列的模型，使用更为广泛。IDA 包括 Laspeyres IDA 和 Divisia IDA 两种方法。Laspeyres IDA 法通过对各因素微分，会产生较大的余项从而对分析结构会有一定影响；Divisia IDA 法通过对时间微分，余项较小，其中对数平均迪氏指数法（LMDI）满足因素可逆，能消除残差项，具有乘法分解与加法分解一致性的特点，具有完全分解、适应性强、易解释的特性，模型分解更有说服力，是目前使用最广的分解方法。根据昂（2004）LMDI 分解方法，则有

$$\Delta EC_i = \Delta R_i + \Delta S_i + \Delta Y_i \tag{5.4}$$

$$\Delta R_i = L(EC_i^{t2}, EC_i^{t1})\ln\left(\frac{R_i^{t2}}{R_i^{t1}}\right) \tag{5.5}$$

$$\Delta S_i = L(EC_i^{t2}, EC_i^{t1})\ln\left(\frac{S_i^{t2}}{S_i^{t1}}\right) \tag{5.6}$$

$$\Delta Y_i = L(EC_i^{t2}, EC_i^{t1})\ln\left(\frac{Y_i^{t2}}{Y_i^{t1}}\right) \tag{5.7}$$

其中，$L(EC_i^{t2}, EC_i^{t1}) = \dfrac{EC_i^{t2} - EC_i^{t1}}{\ln EC_i^{t2} - \ln EC_i^{t1}}$，$\Delta R_i$、$\Delta S_i$、$\Delta Y_i$ 分别代表第 i 部门出口贸易隐含碳排放变动的技术效应、结构效应、规模效应。总的出

口贸易隐含碳排放量变动为

$$\Delta EC = \sum_i (EC_i^{t2} - EC_i^{t1}) = \Delta R + \Delta S + \Delta Y \qquad (5.8)$$

技术效应、结构效应和规模效应对农产品出口贸易隐含碳变化的贡献为

$$\Delta R = \sum_i \frac{(EC_i^{t2} - EC_i^{t1})}{\ln EC_i^{t2} - \ln EC_i^{t1}} \times \ln\left(\frac{R_i^{t2}}{R_i^{t1}}\right) \qquad (5.9)$$

$$\Delta S = \sum_i \frac{(EC_i^{t2} - EC_i^{t1})}{\ln EC_i^{t2} - \ln EC_i^{t1}} \times \ln\left(\frac{S_i^{t2}}{S_i^{t1}}\right) \qquad (5.10)$$

$$\Delta Y = \sum_i \frac{(EC_i^{t2} - EC_i^{t1})}{\ln EC_i^{t2} - \ln EC_i^{t1}} \times \ln\left(\frac{Y^{t2}}{Y^{t1}}\right) \qquad (5.11)$$

中国农产品出口贸易隐含碳的数据取自第4章的计算结果，相关各年的出口贸易额来源及处理参照第4章，碳排放强度代表各部门出口能耗强度，为农产品各部门出口隐含碳排放量与出口额的比值，即单位出口的隐含碳。

5.3 计算结果及分析

运用 LMDI 分解法，从分阶段驱动因素分解、分部门驱动素分解和综合驱动因素分解三个方面展开分析。

5.3.1 分阶段驱动因素分解

2001~2015年农产品出口隐含碳排放驱动因素及其贡献，如表5-3所示。

第5章 中国农产品出口贸易隐含碳排放的驱动因素分解

表 5-3　　　　2001~2015 年农产品出口隐含
　　　　　　　碳排放驱动因素及其贡献　　　　单位：万吨

	2001~2006 年	2006~2009 年	2009~2015 年	贡献变动状况	累计贡献
总效应 ΔEC	3306.1 (105.66%)	-1744.49 (-27.11%)	4352.03 (92.78%)	+ - +	5913.64 (171.33%)
其中：规模效应 ΔY	2919.34 (93.3%)	399.48 (6.21%)	3226.13 (68.78%)	+ + +	6544.95 (168.29%)
结构效应 ΔS	61.15 (1.95%)	-78.30 (-1.22%)	7.50 (0.16%)	+ - +	-9.65 (0.89%)
技术效应 ΔR	325.61 (10.41%)	-2065.68 (-32.1%)	1118.39 (23.84%)	+ - +	-621.68 (2.15%)

注：括号里为贡献率。

首先，2001~2006 年我国农产品出口隐含碳排放量增加 3306.1 万吨，总变化为增长 105.66%。农产品出口贸易隐含碳排放量的三大影响因素均呈正向驱动作用，规模效应、结构效应和技术效应共同推动了该阶段农产品出口贸易二氧化碳量的快速上升。具体来看，规模效应为 2919.34 万吨，贡献率最大，为 93.3%；技术效应为 325.61 万吨，贡献为 10.41%；结构效应 61.15 万吨，贡献为 1.95%。这一时期，农产品出口规模的扩大是导致农产品出口贸易隐含碳排放增加的主要原因。自从 2001 年加入世贸组织后，在此 5 年期间，中国农产品出口规模迅速扩大，带动了农产品出口隐含碳的大幅增加，农产品出口扩大主要依赖于农业生产资料的大量投入，化肥、农药、农膜等中间投入品的使用大大增加。与此同时，贸易的自由化也加快了我国农业现代化进程，石化能源如煤炭、柴油、原油在农业生产中的消耗不断加大，能耗强度也持续加强，加之农业能源消费结构以煤、油为主，且短时间难以改变，使得技术效应加大了农产品出口贸易隐含碳排放量。三种效应中结构效应最为微弱，这一阶段，中国前三大类出口农产品为鱼及其他水生动物、肉及其他水生动物制品和蔬果类农产品，占出口总额的 54.83%，谷物、油料作物、糖料作物等居其次，占出口总额的 11.38%（陈志刚，2011）。对应于本书划归的农产品部门，即渔业、农业、食品加工业，属于高碳密集度农产品和中等碳密集度农产品。由此可见，出口农产品中能耗较高的农产品出口比例较大。农产品出口结构不利于我国农产品出口二氧化碳排放量的减少。

其次，2006~2009 年为转折下降期。这一阶段，我国农产品出口隐含碳排放总量减少 1744.49 万吨，增长 -27.11%，较上一阶段，呈现大幅下降。具体来看，规模效应为 399.48 万吨，仍保持正向驱动作用，贡献率为 6.21%；技术效应为 -2065.68 万吨，逆转为负向驱动因素，贡献率为 -32.1%；同时，结构效应也逆转为负向驱动因素，为 -78.3 万吨，贡献率为 -1.22%。这一时期，之所以出现较大转折，原因可能有以下几点，一是由于受 2008 年金融危机影响，世界经济不景气，我国农产品出口贸易降低，导致规模效应大为减少；二是由于这一时期出口农产品结构有所优化，碳排放密集度高的农产品出口有所下降，使得结构效应转为负向抑制隐含碳排放的作用；三是最重要的原因，即该阶段的技术效应呈显著负向抑制作用，发挥了重要的减少农产品出口隐含碳排放的作用。因此，从计算结果可以得出，2006~2009 年我国农产品出口贸易隐含排放量下降的最主要原因是农业各部门生产技术和节能减排技术的进步，能源利用效率的提高。结合当时的背景分析，农业技术效应的负向抑制作用的强势发挥很可能还由下面两点原因造成：第一，自 2006 年始，中国迈入"十一五"新时期，确定了实现能源强度降低 20%

第5章 中国农产品出口贸易隐含碳排放的驱动因素分解

的目标,被称为"环境保护的历史性转变",中央和地方政府都加大了环境保护政策力度,提出了环境保护与经济增长并重的要求。2007年中共十七大进一步强调了环境保护、资源节约的重要性,2008年中央一号文件再次明确表明要提高农业生产效益和发展节约型农业。第二,技术效应呈现大幅转折可能还来自隐含碳排放计算中使用不同投入产出表的影响,本书2001~2006年使用2002年投入产出表的完全消耗系数,2007~2012年使用2007年投入产出表的完全消耗系数,2006~2007年恰好处于分界点,可能会给隐含碳排放计算结果带来一些影响。

最后,2009~2015年我国农产品出口贸易隐含碳排放量重新回到增长轨道,进入稳定增长期。这一阶段增加4352.03万吨,增长近93%。具体来看,规模效应为3226.13万吨,技术效应为1118.39万吨,结构效应为7.50万吨。规模效应再次促使出口农产品隐含碳排放量大幅提升,这也说明农业经济的增长、农产品出口贸易的扩大导致的碳排放持续增加的现状在短时间内难以扭转,而且可能将在很长一段时间是农产品出口隐含碳排放量增加的主要驱动因素。另外,技术效应没有继续发挥上一阶段减少隐含碳的出口的作用,反而再次成为增加了隐含碳的出口的驱动因素,可能的原因是能效利用的技术进步的速度减缓,农业清洁能源替代价格较高和不可预估的能源反弹效应的因素,但是,我们相信随着农业清洁能源的推广、能源结构的不断调整优化以及农业技术的进步,技术效应在抑制碳排放增加的作用将逐步发挥明显。结构效应较上一期变化微弱,具体来看,自2010年,水产品及其制品、蔬菜水果及其制品、畜禽产品三大类农产品占农产品出口总额比重超过60%,其中蔬菜、水果及其制品出口额逐渐超过水产品及其制品,成为出口的第一大类农产品,高碳排放农产品出口占比增加导致出口二氧化碳增加,即结构效应由负向抑制作用转为正向拉动作用。

5.3.2 分部门驱动因素分解

2001~2015年各农产品部门出口隐含碳排放驱动因素分解及其贡献，如表5-4所示。各阶段分部门农产品出口贸易隐含碳变化情况，如图5-6至图5-8所示。

表5-4　　　　2001~2015年各农产品部门出口隐含
碳排放驱动因素分解及其贡献　　　单位：万吨

时段	农产品部门	规模效应 ΔY_i	结构效应 ΔS_i	技术效应 ΔR_i	总效应 ΔEC_i	效应占比 $\Delta EC_i/\Delta EC$
2001~2006年	1. 农业	811.33 (25.93%)	-106.97 (-3.42%)	162.05 (5.18%)	866.41 (27.69%)	26.21%
	2. 林业	13.67 (0.44%)	-0.71 (-0.02%)	1.44 (0.05%)	14.4 (0.46%)	0.44%
	3. 畜牧业	29.57 (0.95%)	-32.70 (-1.05%)	3.16 (0.1%)	0.03 (0.00%)	0.001%
	4. 渔业	449.41 (14.36%)	-44.92 (-1.44%)	36.44 (1.16%)	440.94 (14.09%)	13.34%
	5. 食品加工业	1237.09 (39.54%)	173.27 (5.54%)	-170.66 (-5.45%)	1239.71 (39.62%)	37.50%
	6. 食品制造业	225.63 (7.21%)	75.75 (2.42%)	296.82 (9.49%)	598.20 (19.12%)	18.09%
	7. 酒精、酒及饮料制造业	133.14 (4.26%)	6.31 (0.2%)	1.42 (0.05%)	140.86 (4.5%)	4.26%
	8. 烟草制品业	19.49 (0.62%)	-8.88 (-0.28%)	-5.06 (-0.16%)	5.55 (0.18%)	0.17%

第 5 章
中国农产品出口贸易隐含碳排放的驱动因素分解

续表

时段	农产品部门	规模效应 ΔY_i	结构效应 ΔS_i	技术效应 ΔR_i	总效应 ΔEC_i	效应占比 $\Delta EC_i/\Delta EC$
2006~2009 年	1. 农业	114.04 (1.77%)	83.58 (1.3%)	-538.16 (-8.36%)	-340.54 (-5.29%)	19.52%
	2. 林业	2.78 (0.04%)	30.07 (0.47%)	-13.25 (-0.21%)	19.60 (0.3%)	-1.12%
	3. 畜牧业	2.87 (0.04%)	2.06 (0.03%)	-17.50 (-0.27%)	-12.57 (-0.2%)	0.72%
	4. 渔业	56.41 (0.88%)	96.88 (1.51%)	-466.71 (-7.25%)	-313.42 (-4.87%)	17.97%
	5. 食品加工业	157.42 (2.45%)	-173.80 (-2.7%)	-822.41 (-12.78%)	-838.79 (-13.03%)	48.08%
	6. 食品制造业	47.06 (0.73%)	-29.05 (-0.45%)	-178.42 (-2.77%)	-160.41 (-2.49%)	9.20%
	7. 酒精、酒及饮料制造业	15.33 (0.24%)	-98.33 (-1.53%)	-52.14 (-0.81%)	-135.14 (-2.1%)	7.75%
	8. 烟草制品业	3.58 (0.06%)	10.28 (0.16%)	22.91 (0.36%)	36.77 (0.57%)	-2.11%
2009~2015 年	1. 农业	1039.62 (22.16%)	17.53 (0.37%)	608.57 (12.97%)	1665.72 (35.50%)	38.27%
	2. 林业	44.86 (0.96%)	28.38 (0.61%)	32.99 (0.70%)	106.23 (2.27%)	2.44%
	3. 畜牧业	20.15 (0.43%)	-11.47 (-0.24%)	7.92 (0.17%)	16.6 (0.36%)	0.38%
	4. 渔业	424.58 (9.05%)	79.56 (1.70%)	30.09 (0.64%)	534.23 (11.39%)	12.28%
	5. 食品加工业	1138.81 (24.28%)	-262.52 (-5.6%)	349.49 (7.45%)	1225.78 (26.13%)	28.17%
	6. 食品制造业	395.54 (8.43%)	79.20 (1.69%)	64.37 (1.37%)	539.11 (11.49%)	12.39%
	7. 酒精、酒及饮料制造业	123.36 (2.63%)	88.78 (1.89%)	30.41 (0.65%)	242.55 (5.17%)	5.57%
	8. 烟草制品业	39.21 (0.84%)	-11.96 (-0.26%)	-5.44 (-0.12%)	21.81 (0.46%)	0.50%

注：括号里为贡献率。

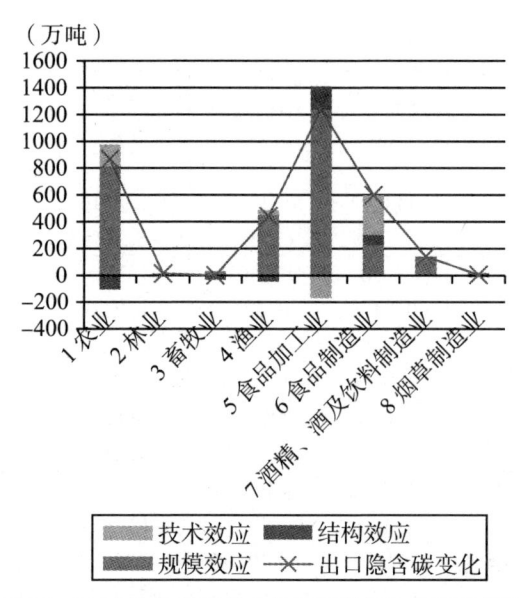

图 5-6　2001~2006 年分部门农产品出口贸易隐含碳变化的因素分解

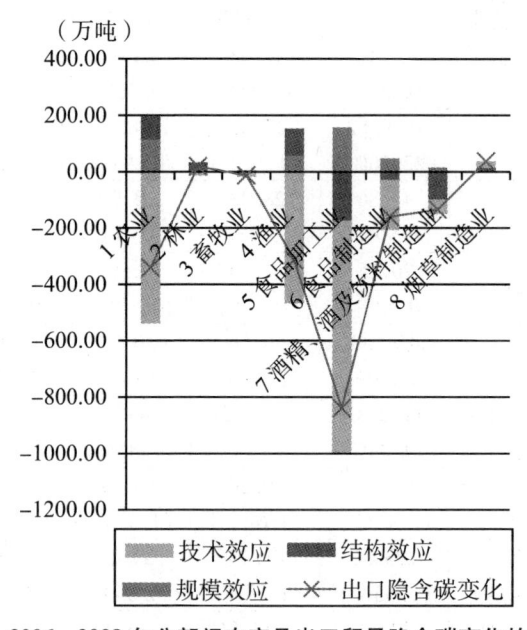

图 5-7　2006~2009 年分部门农产品出口贸易隐含碳变化的因素分解

第 5 章
中国农产品出口贸易隐含碳排放的驱动因素分解

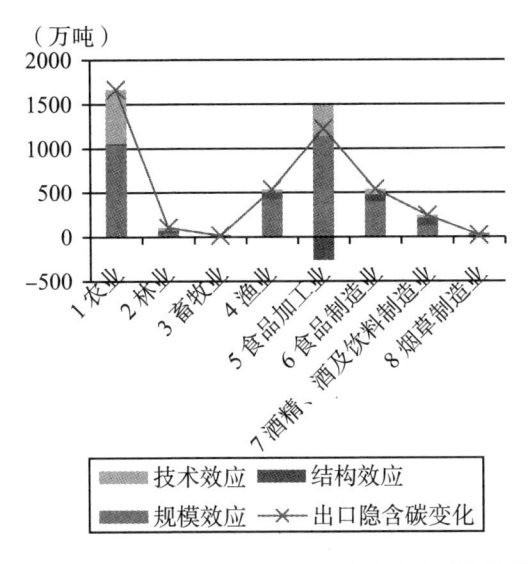

图 5-8　2009~2015 年分部门农产品出口贸易隐含碳变化的因素分解

农业部门三阶段影响因素总效应分别 866.41 万吨、-340.54 万吨和 1665.72 万吨，贡献率分别为 27.69%、-5.29% 和 35.50%，占相应时段农产品出口贸易隐含碳变动总效应的比例分别为 26.21%、19.52%、38.27%，是主导农产品出口贸易隐含碳变化的第二大行业。具体来看，该部门各阶段规模效应均为正值（811.33 万吨、114.04 万吨、1039.62 万吨），且贡献度较大（25.93%、1.77%、22.16%），可见，规模效应是农业部门出口隐含碳排放不断攀升的主要原因；2006~2009 年，技术效应导致的农产品出口隐含碳降低了 -538.16 万吨（-8.36%），农业生产技术、节能减排技术的进步提高了出口农业部门能源利用效率，显著地抑制了该时期出口隐含碳排放的增长。但在 2001~2006 年和 2009~2015 年为正值，该行业能源强度效应没有带来出口隐含碳排放量的降低，反而在不同程度增加了隐含碳的出口，2001~2006 年技术效应增加 162.05 万吨隐含碳出口，2009~2015 年增加 608.57 万吨隐含碳出口，碳排放强度的上升使得技术效应增加了碳排放出口。结构效应贡献度先由负向削减作用-3.42%（2001~2006年）转为正向促进作用1.3%（2006~2009年），再减少到0.37%（2009~2015年），说明该行业出口结构不稳定，其间有所恶化，但对农产品出口贸易隐含碳的影响以削减为主，总体发挥抑制作用较多。

食品加工业三阶段影响因素总效应分别为1239.71万吨、-838.79万吨和1225.78万吨，贡献率分别为39.62%、-13.03%和26.13%，占相应时段全部农产品出口贸易隐含碳变动总效应的比例分别为37.50%、48.08%、28.17%。该行业不仅是主要的农产品出口贸易隐含碳源，而且是主导农产品出口贸易隐含碳变化的第一大行业。具体来看，2001~2006年规模效应的正向促进作用最大，达到39.54%，该部门出口规模庞大是其出口贸易隐含碳在各行业中排名第一的主要原因，结构效应对出口贸易隐含碳的增加也有着明显促进作用，带来了这一时期出口贸易隐含碳5.54%的增加，而技术效应对出口贸易隐含碳的增加却起到抑制作用，贡献率为-5.45%；2006~2009年，技术效应带来-822.41万吨农产品出口隐含碳排放的减少，贡献率为-12.78%，反向削减作用最大，同时由于该行业出口贸易结构改善，结构效应也呈-2.7%反向削减作用，二者之和大大超过规模效应，因此食品加工业出口贸易隐含碳排放下降；2009~2015年，规模效应为24.28%，技术效应由上一阶段的负向削减作用变为正向促进作用，再次推动该行业出口贸易隐含碳排放量，该阶段能效利用的技术进步速度减缓，但并没有发生较大恶化，其推动作用贡献率为7.45%。食品加工业出口结构继续呈现优化趋势，贡献率为-5.6%，超过上一期3个百分点，能耗较低的产品出口比重在上升，结构调整减少了约262万吨隐含碳出口。

第 5 章
中国农产品出口贸易隐含碳排放的驱动因素分解

食品制造业各阶段影响因素总效应分别为 598.20 万吨、-160.41 万吨和 539.11 万吨，贡献率分别为 19.12%、-2.49%、11.49%，占相应时段农产品出口贸易隐含碳总变动比例分别为 18.09%、9.20%、12.39%，是主导农产品出口贸易隐含碳变化的第三大行业。2001~2006 年和 2009~2013 年，三种效应贡献均为正值，规模效应最大，结构效应最小。2006~2009 年，技术效应和结构效应转为负值，分别是 -2.77% 和 -0.45%，二者的共同削减作用使得这一时期农产品出口贸易隐含碳降低 2.49%。2009~2015 年技术效应贡献率再次转为正值 1.37%，增加了 64.37 万吨隐含碳排放的出口，同时结构效应也进一步加剧了出口隐含碳增加的趋势，增加 79.2 万吨，贡献率为 1.69%。

渔业各阶段影响因素总效应贡献率分别为 14.09%、-4.87%、11.39%，各阶段效应贡献占相应时段农产品出口贸易隐含碳总变动比例分别为 13.34%、17.97%、12.28%，是主导农产品出口贸易隐含碳变化的第四大行业。各阶段该行业的规模效应始终为正，表明渔业出口规模扩大起到了增加出口贸易隐含碳的作用；结构效应则由 -1.44% 变至 1.51%，再到 1.7%，说明该行业随着出口规模的扩大，出口结构却不断恶化，碳排放密集型产品出口比重不断上升，出口结构变动对出口贸易隐含碳的影响由抑制增加变为促进增加；与前面几个行业相似，该行业技术效应贡献率 2006~2009 年为负值（-7.25%），该阶段节能减排技术的应用、能耗的降低减少了 466.71 万吨隐含碳排放的出口，2001~2006 年和 2009~2015 年则为正值（1.16%、0.64%），随着出口规模的扩大和出口中碳密集度高的水产品的出口，技术效应减低能耗的作用没有继续发挥积极作用。技术效应对出口隐含碳排放量变动的抑制影响较食品加工业和农业部门小，但超过食品制造业。

酒精、酒及饮料制造业三阶段影响因素总效应分别为 4.5%、-2.1%、5.17%，占相应时段农产品出口贸易隐含碳变动总效应的比例分别为 4.26%、7.75%、5.57%。该行业与食品制造业影响因素贡献呈完全相同的方向：规模效应均为正值，结构效应和技术效应均经历正负交替变动，只是变动幅度有所下降。

对于烟草制造业、林业、畜牧业这三个行业而言，三种影响因素对农产品出口贸易隐含碳排放贡献非常小，几乎全部低于 1%，属于低碳源行业。这三个行业影响因素的贡献作用非常相似，例如，三时段规模效应均为正值；2001~2006 年的结构效应均为负值，2006~2009 年无一例外的全部转为正值，出口结构变动对出口贸易隐含碳的影响由抑制变为促进。2009~2015 年，畜牧业和烟草制造业的结构效应贡献率由正向作用再次转为负向作用（-0.24%，-0.26%），说明出口产品中碳密度较高的产品比重再次下降。但林业有所不同，结构效应贡献率为 0.61%，保持正向促进隐含碳排放增加作用。值得一提的是，2006~2009 年，有七个部门技术效应均为负值，烟草部门是唯一的一个技术效应为正值，能源强度推动出口贸易隐含碳排放增加的农产品部门，但是在 2009~2015 年，该部门又是唯一技术效率为负的部门，技术效应为 -5.44 万吨，贡献度为 -0.12%，虽然影响力比较弱，说明该行业能源强度和利用效率有所上升。

5.3.3 驱动因素分解的综合分析

从总体情况来看，三种因素对中国农产品出口隐含碳排放的影响为：规模效应 > 技术效应 > 结构效应。

第 5 章
中国农产品出口贸易隐含碳排放的驱动因素分解

（1）规模效应。规模效应是中国农产品出口贸易隐含碳排放量变动的最主要的影响因素。农产品出口规模的扩大是导致农产品出口贸易中隐含碳上升的主要原因，具有正向拉动作用，三个时期的贡献均为正，以第一阶段和第三阶段表现明显。2001~2015 年农产品出口二氧化碳排放变动的规模效应的累计贡献为 6544.95 万吨，贡献率高达 168.29%。许多学者证明了我国农业资源环境与农业经济发展的 EKC 变动规律，目前我国仍然处于 EKC 拐点左侧，即随着农业经济的发展会带来环境质量的恶化。因此，在将来的一段时间内，农产品出口贸易规模的持续扩大仍将是中国农产品出口二氧化碳排放量增加的主要因素。从部门分布来看，食品加工业受规模效应影响最大，其次是农业、渔业、食品制造业，以及酒精、酒及饮料制造业，而畜牧业、烟草制造业、林业受规模效应影响较小。规模效应对农产品各部门的作用都是同向的，即如果农产品出口规模增加，则规模效应相应地增加隐含碳出口；如果出口规模减小，则规模效应会减少隐含碳出口。

（2）技术效应。技术效应是抑制农产品出口二氧化碳排放量增长贡献最重要的因素。2001~2015 年，技术效应的贡献经历了正、负、正的变化状况，如第一阶段呈现较高的正向推动作用，而第二阶段技术效应对农产品隐含碳出口的作用为负，而且负向抑制作用显著，远远超过规模效应的拉动作用，使得整体农产品出口隐含碳量大大减少，但到了第三阶段，技术效应的作用方向又发生了改变，技术效应的作用没有继续减少隐含碳的出口而是增加了隐含碳的出口。由此可见，通过技术效应缩减农产品出口中的隐含碳排放任重道远。技术效应的累计贡献为 −621.68 万吨，贡献率为 2.15%。技术效应并不必然引发隐含碳出口的减少，能耗强度增长会使得技术效应增加出口隐含碳排放量，对中国农产品出口贸易隐含碳排放量变动的影响取决于各部门的节能减排技术进步情况和能源强度。如果各部门能源利用效率和物质利用效率提高，则各部门的技术效应为负，如果各部门的能源利用效率没有提高甚至出现倒退，则各部门的技术效应为正。降低农业生产部门的能源强度是实现农产品出口隐含碳排放的关键手段。农业、渔业、食品加工业和食品制造业受技术效应影响较大，无论是正向驱动还是负向驱动，都引起这些部门的出口二氧化碳排放量较大的改变。

（3）结构效应。结构效应对中国农产品出口贸易隐含碳排放量变动的影响微弱。结构效应的贡献经历了正、负、正的变动，累计贡献仅为 -9.65 万吨，贡献率 0.89%。结构效应在各农产品部门的影响有正向也有负向，一些农产品部门出口额的上升同时另一些农产品部门出口额减少，由于这种正负之间的抵消作用，也使得总的农产品出口贸易隐含碳变化中结构效应的作用不明显。毋庸置疑，结构效应是降低农产品出口贸易隐含碳排放的有效途径，通过调整优化出口农产品结构，例如，加大低碳绿色环保农产品的出口，降低中间耗能环节多、化学品投入量大的农产品的出口，可以明显降低农产品出口隐含碳排放量。目前总体来说，我国农产品出口结构变化稍微降低了出口贸易隐含碳排放量，但结构效应的碳减排作用还没有充分发挥出来。

综合来看（如图 5-9 所示），2001~2015 年，中国农产品出口贸易隐含碳排放变动是规模效应、技术效应和结构效应综合作用的结果。各阶段规模效应和技术效应对中国农产品出口贸易隐含碳排放量的变化的影响驱动作用较大，结构效应的影响作用非常小。农产品出口规模的扩大是导致农产品出口贸易中隐含碳上升的主要原因。农业技术进步和农业能源使用效率提升是减少农产品出口隐含碳的重要因素，但目前发挥

第5章
中国农产品出口贸易隐含碳排放的驱动因素分解

尚不稳定。结构效应对我国农产品出口贸易隐含碳排放量的变化作用较小，农产品出口结构具有较大的优化空间。自2001年中国加入世贸组织，农产品出口规模的扩大使得规模效应对增加出口二氧化碳排放量的正向驱动作用显著。技术效应对我国农产品隐含碳出口的影响经历一个较大的转折，是中国农产品出口隐含碳排放量在2006~2009年经历大幅下降的根本原因，但技术效应并不必然导致农产品出口隐含碳排放的减少，2010年至今，农业生产、出口对能源的刚性需求的加大以及能耗强度的上升，使得技术效应增加了隐含碳的出口农产品出口结构对出口二氧化碳排放量的影响较小，累计贡献仅为 -9.65万吨。农产品出口隐含碳排放量增长，是粗放型农业发展方式和贸易增长方式的必然结果，驱动二氧化碳排放量增加的因素包括农产品出口规模、农业技术进步和农产品出口贸易结构。因此，降低农产品出口二氧化碳排放是一项复杂系统的工程。

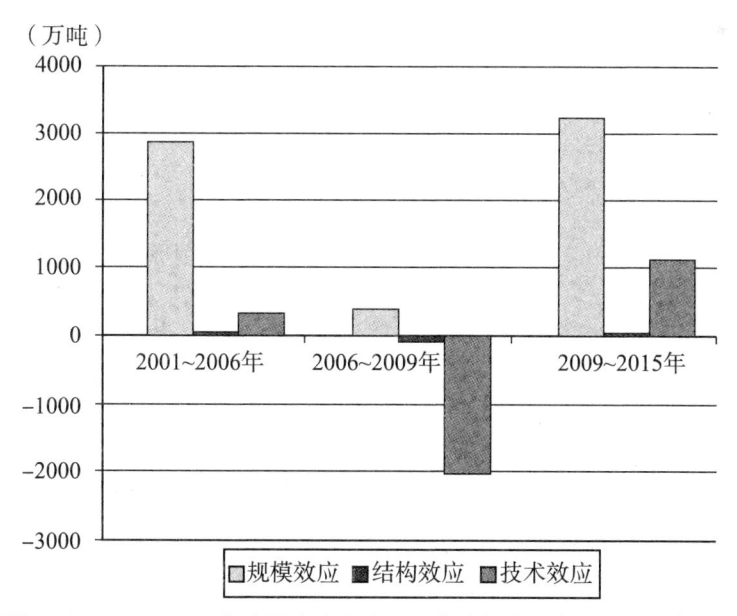

图5-9 2001~2015年中国农产品出口隐含碳排放量变动驱动因素分解

对隐含碳排放驱动因素进行分解，计算其贡献力大小和作用方向，为合理科学地划分国际碳排放责任、实施切实可行的分摊机制提供了现实依据。第一，规模效应来自一国由于大规模出口产品引致的大量碳排放，进口国通过进口商品满足了国内消费，弥补了国内资源的不足或绕过了本国较高的环境规制，使消费者生活质量得到提升，增进了本国福利，同时将碳排放留在生产国，转移了污染排放，因此对于规模效应部分的隐含碳排放，应该采用消费者负责原则，如果仍然要生产国承担出口部分的减排责任，显然有失公平。第二，对于结构效应引致的碳排放，也应该由消费国承担。结构效应导致全球范围内的专业化分工，如果一国扩大的出口部门为污染部门，污染程度大于缩小的进口部门的污染程度，则该国环境变得恶化，从全球环境角度来看，一国环境的优化（或恶化）很可能伴随有贸易伙伴国的环境恶化（或优化），因为不可能两个国家产业结构完全一致，比较优势完全一致，一国的出口就是另一国的进口。因此自由贸易导致世界环境格局发生改变——国际贸易在世界范围内对污染产业进行了重新分配，污染排放从"清洁"产业具有比较优势的国家转移到"污染"产业具有比较优势的国家。正是由于进口国对出口国"碳排放密集型"产品的需求不断增加，为污染产业的生产和发展提供了驱动力，是造成从产业布局到国际分工的改变的原因之一，因此进口消费国理应为这一部分隐含碳负责。第三，技术效应方面，笔者认为应该采用生产者负责原则，由于生产者高碳化的生产结构或者能源利用率低下是导致隐含碳排放增加的重要原因，生产者有责任采取措施减少生产带来的碳排放。

第 5 章
中国农产品出口贸易隐含碳排放的驱动因素分解

5.4 本章小结

本章根据贸易环境效应理论，将农产品出口贸易对隐含碳排放的影响分解为规模效应、技术效应和结构效应，实证分析了 2001~2015 年三种因素对我国农产品出口贸易隐含碳增长变化的驱动方向和贡献度大小。研究表明，中国农产品出口贸易隐含碳排放变动是规模效应、技术效应和结构效应综合作用的结果。规模效应是中国农产品出口贸易隐含碳排放量变动的最主要的影响因素，累计贡献为 6544.95 万吨，贡献率高达 168.29%，农产品出口规模的扩大是导致农产品出口贸易隐含碳上升的主要原因，具有正向拉动作用；技术效应是抑制农产品出口二氧化碳排放量增长贡献最重要的因素，累计贡献为 -621.68 万吨，贡献率为 2.15%，技术效应直接驱动了 2006~2009 年农产品出口隐含碳排放出现大幅降低，贡献率为 -32.1%，累计减少 2065.68 万吨隐含碳排放量。但是由于技术存在反弹效应，如新能源技术的替代效应和收入效应，技术效应也可能导致农产品出口隐含碳排放的增加，例如，在 2001~2005 年和 2010~2015 年两个时段，技术效应都表现被正向驱动作用，因此，如何充分发挥技术效应的负向抑制碳排放的作用，积极推广低碳农业技术的应用任务依然艰巨；结构效应对我国农产品出口贸易隐含碳排放量的变化作用较小，目前总体来说，农产品出口结构的变动减少了约 9.65 万吨二氧化碳排放，贡献率仅为 0.89%，进一步调整优化农产品出口贸易结构是减低农产品出口隐含碳排放的重要方式，我国农产品出口结构具有较大的优化空间。

第6章
中国农产品出口贸易隐含碳排放绩效评价

随着经济增长与环境保护双赢目标被广泛重视,国内外学者开始通过计算碳排放绩效来反映一国或地区的二氧化碳排放水平问题。最初,反映碳排放绩效的指标以单要素评价方法为主,通常以二氧化碳排放量与某一产出或要素消耗之比来表示,包括碳排放强度、碳系数、能源强度等。例如,米尔尼克和戈尔德贝格(Mielnik & Goldemberg,1999)提出碳化指数度量法(carbonization index)用单位能源的二氧化碳排放量作为评价发展中国家经济与环境是否均衡发展的标准之一;张等(Zhang et al.,2008)测算了具有代表性的发达国家和发展中国家的人均工业二氧化碳排放量和人均 GDP 二氧化碳排放量,认为这两项指标科学、合理地评价了一国或地区的碳排放绩效。许多学者开始寻求单要素评价方法以外的全要素评价思路,从整体的角度,将所有相关的变量,放在一起

第6章
中国农产品出口贸易隐含碳排放绩效评价

构建绩效评价指标,以保证碳排放绩效的全面性与合理性。基于全要素和要素替代的思想,数据包络分析(data envelopment analysis,DEA)逐渐被广泛运用在二氧化碳排放绩效评价中。本章在计算中国各地区农产品出口贸易隐含碳排放量的基础上,利用 Malmquist – Luenberger DEA 模型,在全要素分析框架下计算农产品出口贸易隐含碳排放效率,衡量全国及各地区环境与农产品出口贸易增长的协调关系,从碳排放角度比较中国地区间农产品出口贸易绩效之间的差异,探索其分布特征和变化趋势。

6.1 中国各地区农产品出口贸易隐含碳排放量估算

6.1.1 计算方法及数据说明[①]

由于计算分地区各年份的农产品出口贸易隐含碳排放涉及的数据量庞大,受限于数据的可获得性以及为了计算方便,假设各地区的能源消耗系数与全国的能源消耗系数保持一致(故有地区与全国直接碳排放系数也保持一致),则各地区的农产品出口贸易隐含碳排放量计算公式可以表述为:

---

① 中国各地区的农产品出口贸易额来源于《中国农业年鉴》。由于2015年《中国农业年鉴》没有收录各地区农产品出口总值,各地区农产品出口数据只能获取到2013年,因此本书第6章和第7章涉及全国面板数据的实证分析,研究时间选取2001~2013年。

$$EC_w = R(I-A)_w^{-1} Y_w \qquad (6.1)$$

其中，EC_w 为 w 地区农产品出口贸易隐含碳排放量；Y_w 为 w 地区农产品出口额；$(1-A)_w^{-1}$ 为 w 地区的列昂惕夫逆矩阵即完全需要系数矩阵；R 为单位产出的直接碳排放系数矩阵，与第 4 章的计算方法一样，直接碳排放系数 $R_i = \sum_k \dfrac{EN_{ik} \times \theta_k}{X_i}$。$R$ 中的能源消费量 EN、各部门总产出 X、二氧化碳排放系数 θ 的取值与前文一致。因此，利用直接排放系数以及各省农产品出口数据、完全需要系数矩阵，可以计算出各省的农产品出口贸易隐含碳排放量 EC_w。

全国能源消费量、国内生产总值、各地区生产总值来源于《中国统计年鉴》；各地区能源消费量来源于相关年份《中国能源统计年鉴》；各地区农产品出口贸易额来源于《中国农业年鉴》。出口贸易额按照当年美元兑人民币平均汇率转化为人民币，然后采用商品零售价格指数进行平减，得到以 1978 年为基期的实际数据。由于 2015 年《中国农业年鉴》没有收录各地区农产品出口总值，各地区农产品出口数据只能获取到 2013 年，因此本书各地区农产品出口贸易隐含碳排放研究时间选取 2001～2013 年。本书将全国数据分为 28 个省份，重庆与四川合并，海南与广东合并，同时由于数据的获得性，没有考虑我国西藏、香港、澳门、台湾地区。

6.1.2 各地区农产品出口贸易隐含碳排放量估算结果

中国 28 个省份的农产品出口贸易隐含碳排放量计算结果显示，农产品出口隐含碳排放量年平均值超过 100 万吨的省份有 14 个，最多的 5 个

第6章
中国农产品出口贸易隐含碳排放绩效评价

省份依次为：山东、辽宁、广东、浙江、河北。年均排放量低于或约为30万吨的5个省份有青海、江西、宁夏、贵州、山西，其中青海农产品出口隐含碳年均排放量仅为4.17万吨，为最少的省份。湖北、四川、安徽、河南、山西、内蒙古、广西和湖南居中，按从多到少的顺序依次排列，年均排放量从44万吨到84万吨不等。

中国各地区的农产品出口贸易隐含碳排放量存在较大的差异，大体上东部地区碳排放更多，中部地区居中，西部地区较少，呈现由东至西降低的地理分布特点。这与地区经济发展、技术水平和农产品出口贸易发展不均衡有较大的联系。东部地区是我国经济发展速度最快的地区也是农产品贸易最活跃的地区，我国农产品出口主要集中在东部地区如山东、广东、江苏、福建、浙江和辽宁等地，这些地区的隐含碳排放量也是最多的。相反，西部地区经济较落后，农产品出口贸易所引致的隐含碳排放量也较低。

本节28个省份计算所得的农产品出口隐含碳排放量之和与第4章计算的中国农产品出口隐含碳排放总量大体相同，但不完全一致，农产品出口隐含碳排放量的地区相加值略低于总量计算值（如图6-2所示）。由于省级数据与国家级数据在统计量和口径上都可能存在差别，省级统计中存在重复计算，国家级统计数据中的宏观调整等因素，因此国家统计数据与省级统计数据不完全一致的现象在国民经济统计中不可避免。本节计算的各地区农产品出口隐含碳之和与前文计算的全国农产品出口隐含碳总量存在较小的误差，从图6-1中可以观察到两组数据高度相似，从某种程度反映计算结果的可靠性。

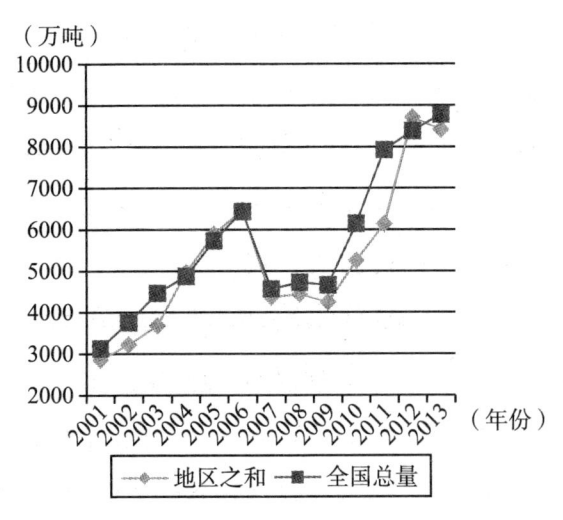

图 6-1　中国农产品出口贸易隐含碳排放量

6.2　农产品出口贸易隐含碳绩效评价方法及绩效指数构造

DEA 是利用线性优化确定边界生产函数的一种非参数估计方法，有效避免了对函数形式和理论条件的假设。通常来说，采用 DEA 方法衡量污染排放对产出的影响可以有不同的解决方法。例如，与污染相关的各种治理费用、税收可以看成是一种投入；另外，污染的排放物也可以看成是一种特殊的产出，即非合意产出。由于投入要素较为复杂，将污染治理厘清较为困难，因此一般采用第二种方法。宋等（Chung et al.，1997）将方向性距离函数引入传统谢泼德距离函数，在传统曼奎斯特指数（Malmquist index）的基础上构建了曼奎斯特—卢恩伯格生产率指数。

6.2.1 环境技术

生产单位在生产过程中投入一定的要素，往往会同时产生期望获得的"好"的产品（good output）和不期望获得的"坏"的产品（bad output），例如，二氧化碳等环境污染排放。法尔等（Fare et al., 2007）提出环境技术（environmental technology），构造了既包括"好"的产品又包括"坏"的产品的生产可能性集合，说明期望产出、非期望产出与要素投入之间的技术结构关系。

假设某地区使用 N 种投入 $X=(X_1, \cdots, X_N) \in R_N^+$，生产得到 M 种期望产出 $Y=(Y_1, \cdots, Y_M) \in R_M^+$，$P$ 种非期望产出 $C=(C_1, \cdots, C_P) \in R_P^+$，则环境技术的生产可能性集为

$$P(X) = \{(Y, C):(X, Y, C) \in T\} \qquad (6.2)$$

T 表示生产过程的技术结构关系，可描述为

$$T = [(X, Y, C):(Y, C) \in P(X), X \in R_N^+] \qquad (6.3)$$

若 t 代表时期，$t=1, \cdots, T$；k 代表地区，$k=1, \cdots, K$，则 t 时期 k 地区的投入和产出值为 (X_k^t, Y_k^t, C_k^t)。在法尔的环境技术定义基础上，运用 DEA 将环境技术模型转化为

$$P^t(X^t) = \left\{ \begin{array}{l} (Y^t, C^t): \sum_{k=1}^{K} \lambda_k^t Y_{km}^t \geqslant Y_m^t, m = 1, \cdots, M; \sum_{k=1}^{K} \lambda_k^t C_{kp}^t = C_p^t, \\ p = 1, \cdots, P; \sum_{k=1}^{K} \lambda_k^t X_{kn}^t \leqslant X_n^t, n = 1, \cdots, N; \lambda \geqslant 0 \end{array} \right\}$$

$$(6.4)$$

式（6.4）中，λ 表示每个生产单位的权重，$\lambda > 0$ 为规模报酬不变

下的环境技术假设条件；同时为了满足期望产出与非期望产出的零结合性，还需假定

$$\sum_{k=1}^{K} C_{kp}^{t} > 0, \ p = 1, \ \cdots, \ P \tag{6.5}$$

$$\sum_{p=1}^{P} C_{kp}^{t} > 0, \ k = 1, \ \cdots, \ K \tag{6.6}$$

6.2.2 方向性距离函数

与传统的产出距离函数不同，方向线距离函数同时考虑"好"的产出的扩大与"坏"产出的缩减，将二者统一纳入效率分析框架。二氧化碳作为污染排放是一种对环境有害的负产出，通过采用该函数，可以测定非合意产出缩减的可能大小。假定条件是环境技术、投入、方向既定。环境技术效率与传统意义的技术效率的区别就在于产出前沿不同，据此，本书构造碳排放导向的方向性环境产出距离函数如下：

$$\vec{D}_{c}^{t}(X^{t}, \ Y^{t}, \ C^{t}; \ g_{Y}^{t}, \ -g_{C}^{t}) = \sup[\beta : (Y^{t} + \beta g_{Y}^{t}, \ C^{t} - \beta g_{C}^{t}) \in P^{t}(X^{t})] \tag{6.7}$$

上式中，D_{c}^{t} 表示 t 时期的技术前沿，距离函数 β 表示在给定方向 $g = (g_{Y}, \ -g_{C})$、投入 X 和技术结构 $P(X)$ 下，期望产出 Y 与非期望产出二氧化碳排放 C 按照扩张和收缩的最大可能数量。方向性环境产出距离函数同时考虑"好"产品增加和"坏"产品减少的最大可能性。本书借鉴宋等（1997）定义的 Malmquist - Luenberger 方法，设定方向向量 $(g_{Y}, \ -g_{C}) = (Y, \ -C)$，即期望产出与碳排放在现有基础上按相同比例增减，经济产量（农业总产值和农业出口额）增加的同时，通过同比例减少出口隐含碳排放移动达到最优前沿。

当方向向量 $g=(Y,0)$，则变成了传统的谢泼德距离函数，此时，"好"产品与"坏"产品同时扩张到前沿产出点；当方向向量 $g=(Y,-C)$，方向性距离函数同比例增加经济产值和减少碳排放，此时，产出向量集合 $P(X)$ 在前沿点的产出向量为 $(Y^t+\beta^* g_Y, C^t-\beta^* g_C)$，其中 $\beta^*=\vec{D}^t(X^t,Y^t,C^t;Y^t,-C^t)$，"好"产品增加 $\beta^* g_Y$，"坏"产品减少 $\beta^* g_C$。凡属于集合 $P(X)$ 的可行产出向量，方向性距离函数 $\vec{D}_c^t(X^t,Y^t,C^t;g_Y^t,g_C^t) \geq 0$，当且仅当向量 (Y,C) 在产出前沿上，方向距离函数值等于 0，效率最高。时期 t 生产单位 $k'(X_{k'}^t,Y_{k'}^t,C_{k'}^t)$ 在当期环境技术下的方向性距离函数可通过线性规划求解：

$$\vec{D}_c^t(X_{k'}^t,Y_{k'}^t,C_{k'}^t;Y_{k'}^t,-C_{k'}^t)=\max\beta$$

$$s.t. \sum_{k=1}^{K}\lambda_k^t Y_{km}^t \geq (1+\beta)Y_{k'm}^t, m=1,\cdots,M;$$

$$\sum_{k=1}^{K}\lambda_k^t C_{kp}^t = (1-\beta)C_{k'p}^t, p=1,\cdots,P; \quad (6.8)$$

$$\sum_{k=1}^{K}\lambda_k^t X_{kn}^t \leq X_{k'n}^t, n=1,\cdots,N;$$

$$\lambda_k^t \geq 0, k=1,\cdots,K$$

6.2.3 Malmquist 二氧化碳排放绩效指数

基于环境技术下的方向性距离函数，进一步构建隐含碳排放绩效指数（MCPI）对各生产单元的碳排放绩效变动进行测度，如下：

$$MCPI_c^{t,t+1}=\left[\frac{(1+\vec{D}_c^t(X^t,Y^t,C^t;Y^t,-C^t))\times(1+\vec{D}_c^{t+1}(X^t,Y^t,C^t;Y^t,-C^t))}{(1+\vec{D}_c^t(X^{t+1},Y^{t+1},C^{t+1};Y^{t+1},-C^{t+1}))\times(1+\vec{D}_c^{t+1}(X^{t+1},Y^{t+1},C^{t+1};Y^{t+1},-C^{t+1}))}\right]^{1/2}$$

(6.9)

上式中，t 与 $t+1$ 为两个时间段，以两个时间段的几何平均值作为 t 到 $t+1$ 时期农产品出口贸易隐含碳排放绩效指数，可以避免参照基准不同形成的差异。$\vec{D}_c^t(X^t, Y^t, C^t; Y^t, -C^t)$、$\vec{D}_c^{t+1}(X^{t+1}, Y^{t+1}, C^{t+1}; Y^{t+1}, -C^{t+1})$ 表示生产单元分别在 t、$t+1$ 时期（相对于当期技术前沿的碳排放导向的方向性距离函数）环境技术结构下的二氧化碳排放导向的方向性距离函数；$\vec{D}_c^t(X^{t+1}, Y^{t+1}, C^{t+1}; Y^{t+1}, -C^{t+1})$、$\vec{D}_c^{t+1}(X^t, Y^t, C^t; Y^t, -C^t)$ 表示生产单元分别在 t、$t+1$ 时期相对于 $t+1$、t 技术前沿的碳排放导向的方向性距离函数。如果方向向量 g 由 $(Y, -C)$ 变成 (Y, C)，上式也就变成了标准 Malmquist 二氧化碳排放绩效指数形式。当 $MCPI > 1$，生产单元的碳排放绩效在提升；反之，当 $MCPI < 1$，生产单元的碳排放绩效在下降。同样，Malmquist 二氧化碳排放绩效指数 $MCPI$ 可进一步分解为技术进步指数 $TECH$ 和技术效率指数 $EFFCH$：

$$TECH_c^{t,t+1} = \left[\frac{(1+\vec{D}_c^{t+1}(X^t, Y^t, C^t; Y^t, -C^t))\times(1+\vec{D}_c^{t+1}(X^{t+1}, Y^{t+1}, C^{t+1}; Y^{t+1}, -C^{t+1}))}{(1+\vec{D}_c^t(X^t, Y^t, C^t; Y^t, -C^t))\times(1+\vec{D}_c^t(X^{t+1}, Y^{t+1}, C^{t+1}; Y^{t+1}, -C^{t+1}))}\right]^{1/2}$$

(6.10)

$$EFFCH_c^{t,t+1} = \frac{1+\vec{D}_c^t(X^t, Y^t, C^t; Y^t, -C^t)}{1+\vec{D}_c^{t+1}(X^{t+1}, Y^{t+1}, C^{t+1}; Y^{t+1}, -C^{t+1})} \quad (6.11)$$

$TECH$ 衡量生产可能性边界从 t 到 $t+1$ 时期向外扩张的动态变化，$EFFCH$ 衡量从 t 到 $t+1$ 时期生产单元实际生产点向生产可能性边界的逼近（每一生产单元即受评地区对生产可能性边界的追赶程度）。$TECH$ 和 $EFFCH$ 大于 1，表示二氧化碳排放绩效上升是由环境技术进步和效率改进造成的；$TECH$ 和 $EFFCH$ 小于 1，则表示二者导致了二氧化碳排放绩效下降。计算 $MCPI$、$TECH$ 和 $EFFCH$，涉及四个类型的方向性距离函数。

第 6 章
中国农产品出口贸易隐含碳排放绩效评价

6.3 变量选取和数据来源

由于受数据获取限制，各地区农产品出口贸易隐含碳排放只能估算至 2013 年，因此本书第 6 章和第 7 章涉及全国面板数据的实证分析，研究时间选取 2001~2013 年。本书在全要素分析框架下对农产品出口贸易隐含碳排放绩效进行分析与评价。为了与前文保持一致以及考虑到数据的可获得性，将重庆与四川合并，海南与广东合并，剔除了我国西藏、台湾、香港和澳门地区。由于计算地区农产品出口隐含碳排放量受到数据可获取性限制，目前研究到 2013 年，因此本章分析农产品出口贸易隐含碳排放绩效所使用数据为 2001~2013 年中国 28 个省份为生产单元 13 年间所形成的平衡面板数据。

6.3.1 投入产出变量的选择

能源是农业生产的重要投入之一，农业能源消费是指与农业生产活动相关的各种活动所需要的能源，例如，农业生产中各种农用机械使用、灌溉、加热、制冷、照明设备以及干燥、粉碎等农产品加工的煤炭、柴油、原油、天然气等能源消费。农业生产中间投入品如化肥和农药生产所需要的能源消费等。通常把能源作为新的投入要素，和传统的劳动、资本要素一样，在可持续增长中发挥其作用。

一方面，农业碳源主要来源为化肥、农药、农膜生产和使用过程中所导致的直接或间接碳排放和农业机械运用而导致的直接或间接消耗化石燃料（李波、张俊飚，2012），以化肥、农药、农膜等形式出现的污染排放实际上恰恰也是农业生产过程中重要的投入要素（曹大宇、李谷成，2011）；另一方面，中间投入与资本投入是平行的概念，不能相互替代。因此本书计算出口贸易增长中碳排放绩效使用的投入变量除一般经济增长模型中的投入要素资本、劳动、能源，还包括化肥、农药、农膜三种投入变量。期望产出为农业总产值 Y^{GDP} 和农产品出口额 Y^{EX}；非期望产出为农产品出口贸易导致的二氧化碳排放 C。

6.3.2 农业资本存量的估算

本书资本存量指各地区农业资本存量。目前我国农业资本存量的研究较少，尤其缺乏省际层面的估算。例如，吴方卫（1999）等利用永续盘存法测算了全国层面的农业资本；徐现祥等（2007）应用此方法对省际3次产业资本进行估计，首次在省际上对农业资本进行估算。李谷成（2014）等在国民收入核算框架下利用永续盘存法，专门对省际层面农业资本存量进行估计，由于采用单一数据源（《中国国内生产总值核算历史资料》），因此提高了估算精确度。本书应用李谷成的研究成果，采用以1978年不变价格换算的2001～2011年数据，2012年和2013年的省际农业资本存量按其相同的方法由笔者算得。计算公式为 $K_t = K_{t-1}(1-\delta) + I_t$。$\delta$ 为折旧率，取值5.42%。I_t 为当期投资，采用农业固定资本形成总额计算当期投资 I_t。K_t 和 K_{t-1} 表示当期和上一期的资本存量，基期资本存量为1978年省级农业资本存量估算值：$K_{1978} = I_{1978}/(5.42\% + g_t)$，$g_t$ 为研究时段内农业实际总产值几何平均增长率。

数据来源于《中国统计年鉴》《中国农业年鉴》《新中国六十年农业

统计资料》《中国国内生产总值核算历史资料》及各省统计年鉴。

6.3.3 数据来源及统计性描述

劳动投入。各地区年末农业就业人数。数据来源于《中国农村统计年鉴汇编1949-2004》和2005~2013年《中国农业年鉴》，缺失地区和年份由各省统计年鉴补齐。

能源投入。各地区农业能源消费量。数据来源于《中国能源统计年鉴》、地区统计年鉴。部分缺失年份数据采用差分法补齐。宁夏按青海历年农业能源消费量占能源消费总量比重乘以宁夏历年能源消费总量计算得到，浙江按江苏历年农业能源消费量占能源消费总量比重乘以浙江历年能源消费总量计算得到。

化肥投入。农业最重要中间投入，以实际折纯量计算，包括氮、磷、钾和复合肥。数据来源于《中国农村统计年鉴》。

农药投入。各地区农用塑料薄膜使用量，数据来源于《中国农村统计年鉴》。

农膜投入。各地区农用塑料薄膜使用量，数据来源于《中国农村统计年鉴》。

产出变量分为期望产出和非期望产出变量。其中期望产出变量为各地区农业生产总值 Y^{GDP} 和农产品出口贸易总额 Y^{EX}。农业生产总值，2001~2013年采用1978年不变价格换算，单位亿元，数据来源于《中国农村统计年鉴》。农产品出口贸易额，首先按照各年度美元兑人民币平均汇率转化为人民币，其次为消除物价变动因素对农产品出口额的影响，采用商品零售价格指数对 Y^{EX} 数据进行平减，得到1978年为基期的实际数据，单位亿元。各地区农产品出口贸易额数据来源《中国农业年鉴》。非期望产出变量即为各地区农产品出口隐含碳排放量。

投入产出数据的统计性描述如表 6-1 所示。

表 6-1　　　　　　　　　投入产出指标的统计性描述

	变量	均值	中值	标准差	最大值	最小值
投入变量	资本存量（亿元）	222.7965	193.7988	175.4634	954.8202	15.13797
	劳动力（万人）	1122.028	891.2350	846.506	3472.27	36.3
	能源（万吨）	273.4683	241.4250	187.8555	966.7247	10.5
	化肥（万吨）	190.5403	145.6500	196.2081	2833	7
	农药（万吨）	5.6523	5.3051	4.591186	17.3461	0.1599
	农膜（万吨）	6.9280	5.4821	6.289902	34.3524	0.0645
产出变量	农业总产值（亿元）	270.7832	239.4624	197.5497	842.6906	12.4277
	农产品出口额（亿元）	87.8468	46.90378	138.1924	917.9317	0.3965
	农产品出口隐含碳排放量（万吨）	188.4918	102.5150	297.6921	2521.160	1.3300

6.4　结果分析与讨论

6.4.1　农产品出口贸易隐含碳排放绩效增长源泉

根据上述研究方法和数据，本书运用 MaxDEA4.0 软件求解线性规划，得到研究期间 28 个省份的农产品出口贸易隐含碳排放绩效指数及其构成。表 6-2 为 2001~2013 年平均 Malmquist 指数及其分解（各年份的

第6章 中国农产品出口贸易隐含碳排放绩效评价

几何平均值），图6-2是累计Malmquis指数及其分解（分别用MCPIL、TECHL、EFFCHL表示累计绩效指数、技术进步和技术效率指数）。

表6-2　　　　2001~2013年中国平均农产品出口贸易
碳排放MCPI指数及其分解

年份	EFFCH	TECH	MCPI
2001~2002	0.9954	0.9967	0.9921
2002~2003	1.0025	1.0070	1.0096
2003~2004	1.0124	1.0346	1.0474
2004~2005	0.9819	0.9714	0.9538
2005~2006	1.0089	0.9975	1.0064
2006~2007	0.9946	1.0261	1.0205
2007~2008	1.0011	1.0168	1.0179
2008~2009	1.0013	0.9920	0.9932
2009~2010	0.9987	0.9931	0.9917
2010~2011	0.9949	1.0190	1.0139
2011~2012	0.9953	1.0165	1.0118
2012~2013	0.9954	1.0000	0.9954
几何平均	0.9985	1.0058	1.0042

注：设2001年为参考年份，记为1。

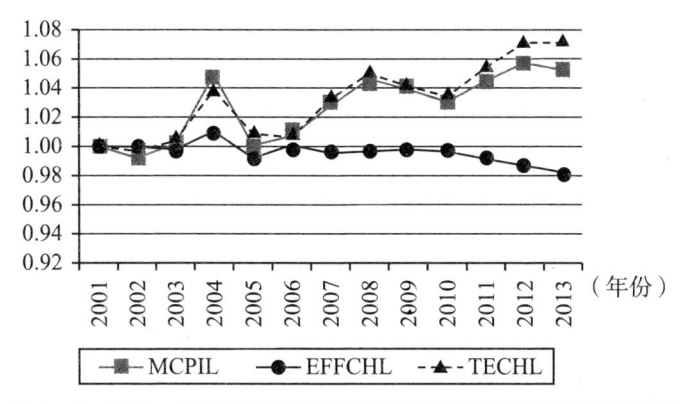

图6-2　2001~2013年累计中国农产品出口碳排放指数及其分解

从表6-2和图6-2可以看出，2001~2013年，中国农产品出口隐含碳排放绩效平均增长0.42%，累计增长5.21%。其中，技术进步平均增长0.58%，累计增幅为7.12%，增幅较为明显；技术效率出现退化，平均下降0.15%，累计降幅为1.78%。由于技术进步的推动作用大于技术效率的退化作用，2001~2013年中国农产品出口贸易隐含碳排放绩效呈现改进趋势。因此，从Malmquist指数增长源泉来看，中国农产品出口贸易隐含碳排放绩效增长主要有前沿技术进步贡献，这说明出口农产品碳排放效率增长主要来自"最佳实践者"的示范效应。2000年以来，中国农业改革极大地促进了农产品出口贸易碳排放绩效增长，农业科学研究体系在农业科研与技术创新方面取得了较大的成功，推动了农业节能减排技术的发展，但与此同时农业在对现有资源的合理配置不太成功，技术效率较低。许多学者计算指出中国农业生产存在前沿技术进步与技术效率损失并存现象，本书所得中国出口农产品碳排放绩效值及其分解与这一规律相同。

6.4.2 农产品出口贸易隐含碳排放绩效时间趋势特征

由图6-3可知，从中国农产品出口隐含碳排放绩效的时间特征来看，2001~2013年出现了三次波动周期，即2001~2005年、2006~2010年、2011~2013年，波动均呈现先上升后下降的趋势，并且随着时间的推移，波动趋于平缓。三次碳排放绩效波动的峰值分别出现在2004年、2007年和2011年，平均增长率分别为4.74%、2.05%、1.39%，其中2004年绩效的上升是技术进步和效率改进双重推动结果，2007年和2011年绩效的上升是技术进步单驱动作用结果，而技术效率则都出现退化。谷底值则出现在2005年和2011年，农产品出口隐含碳排放绩效分别下降4.62%和0.83%，其下降原因都是源于技术进步和效率改进的双重退化，这也是仅有的技术进步和技术效率都退化的两年。

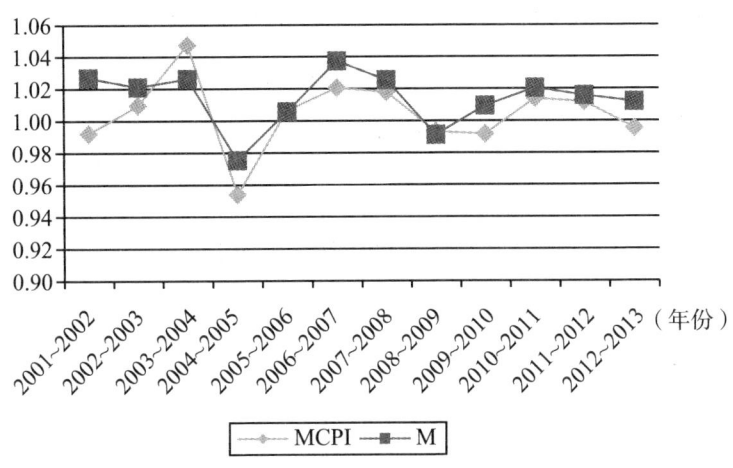

图6-3 2001~2013年中国农产品出口贸易隐含
碳排放MCPI指数与标准Malmquist指数

具体分阶段来看，2001~2005年，加入世贸初期第一阶段，在国家强力扶农政策支持下，农产品出口贸易迎来了崭新阶段。但此时农产品出口隐含碳MCPI指数增长却不理想，年均增长0.02%，相对较慢，该阶段绩效增长主要由于技术进步单独贡献（0.22%），技术效率则是衰退的（-0.2%），成为MCPI指数停滞的直接原因。

在2006~2010年，入世后5年，中国市场化改革加速推进，农产品出口贸易呈现稳定的增长期。生产和出口的稳定增长带来了持续增加的国内能源消耗，为了应对日益严峻的环境形势，中国在商品贸易领域开始出台了一系列的政策来抑制高耗能、高污染和资源性商品，并明确鼓励发展循环经济、可再生能源和生态环境保护，此阶段农产品出口隐含碳 MCPI 指数增长超过第一阶段，年均增长 0.59%，增长模式也发生了变化，由第一阶段的技术进步单独贡献转变为由技术进步（0.5%）与技术效率改进（0.09%）共同推动。

在 2011~2013 年第三阶段，"十一五"以后，农产品出口隐含碳绩效呈现相对高增长势头，年均增长 0.69%，技术进步推动明显（1.18%），而技术效率起到了一定滞后作用（-0.48%）。因而仍然是依靠技术进步的单驱动力下的增长。

6.4.3 MCPI 与传统 Malmquist 的比较

二氧化碳排放作为非期望产出是农产品贸易增长过程中的成本，是否考虑污染成本，必然会对农产品出口贸易绩效估计产生不同影响。法尔等（2001）证明了考虑碳排放约束的 MCPI 指数与不考虑碳排放约束的传统 Malmquist 指数（M 指数）的差别，指出，如果 MCPI > M，则该地区生产方式相对清洁，污染较少，出口贸易碳排放绩效较高；如果 MCPI < M，则该地区生产方式相对高碳，污染排放较多，出口贸易碳排放绩效较低。

因此，本书提供了标准 Malmquist 指数的估计结果，与 MCPI 指数进行比较，可以更清楚地说明中国农产品出口隐含碳排放绩效的增长方式，见图 6-4。MCPI 与 M 指数变化呈现非常相似的变化趋势，两种指数都呈波动状，除 2003~2004 年外，M 指数均高于 MCPI 指数，且 M 指数普遍大于 1。这说明，尽管总体而言 2001~2013 年在技术进步的推动下中国农产品出口贸易碳排放绩效提升，但农业生产方式仍然相对高碳，污染成本较大，农产品出口贸易仍然以外延式、粗放型增长为主。具体来

第6章
中国农产品出口贸易隐含碳排放绩效评价

看，MCPI指数历年平均值为1.0042，其中技术进步指数为1.0057，技术效率指数为0.9985；M指数历年平均值为1.0138，其中技术进步指数为1.0153，技术效率指数为0.9984。考虑碳排放约束条件下技术进步推动作用带来的中国农产品出口贸易效率上升（0.57%）低于传统条件下技术进步带来的出口贸易效率上升（1.53%），而两种情况的技术效率退化引致的出口贸易效率降低则基本相同（-0.15%和-0.16%）。这进一步证明，中国农业前沿技术进步对农产品出口贸易隐含碳排放绩效增长的贡献要大于技术效率的贡献，技术进步是中国农产品出口隐含碳排放绩效增长的源泉；但同时也说明技术进步并没有发挥令人满意的效果，农产品出口贸易各环节的节能减排技术和环境保护措施需要进一步加强。

具体分地区来看（见图6-4），2001~2013年期间，平均MCPI指数大于平均标准M指数的地区有：安徽、福建、广东等12个省份，反映这些省份农产品出口贸易相对低碳；平均MCPI指数小于平均标准M指数的省份有北京、广西、河南等13个省份，反映这些省份农产品出口贸易相对高碳；河北、内蒙古的MCPI指数与M指数则非常接近。2001~2013年各地区平均MCPI指数与平均M指数基本呈同方向变动，在2001~2013年期间大部分地区的MCPI指数变动率要超过M指数的变动率（见图6-5）。由此反映，与标准M指数相比，MCPI指数更灵敏有效，即考虑碳排放因素后，农产品出口贸易效率变动更敏感，能更敏锐和准确地监测和反应环境污染对出口贸易的影响。

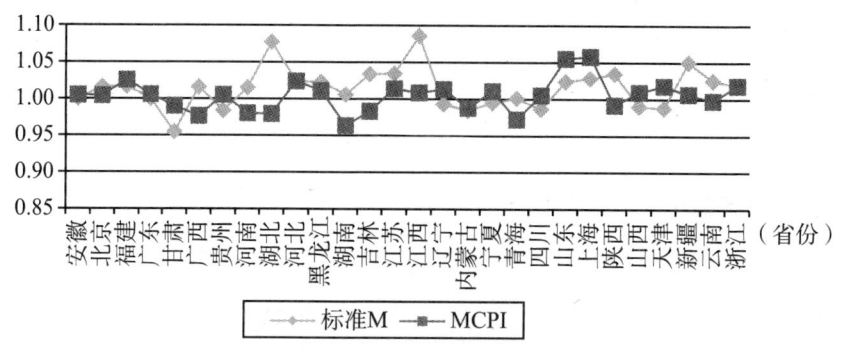

图 6-4　2001~2013 年各地区农产品出口贸易隐含
碳排放 MCPI 指数与标准 M 指数

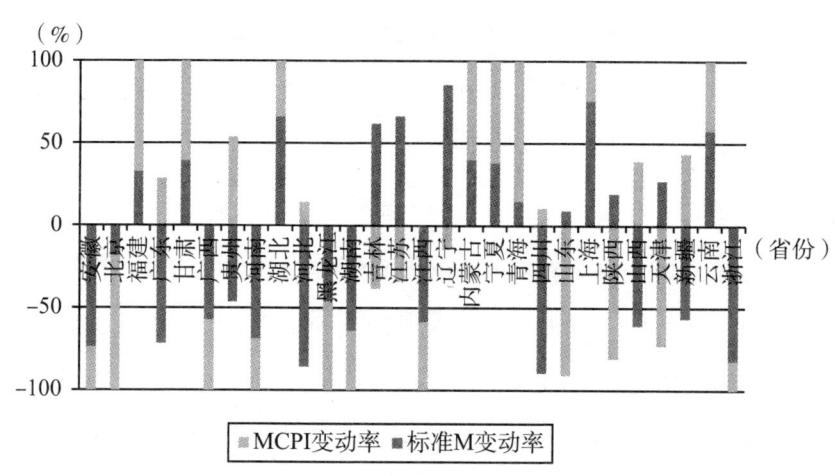

图 6-5　2001~2013 年平均 MCPI 指数变动率与标准 M 指数变动率

6.4.4　农产品出口贸易与环境协调性发展的静态评价

表 6-3 给出了 2001~2013 年中国 28 个省份的农产品出口贸易隐含碳排放 MCPI 指数。从各省份碳排放绩效的平均水平来看，18 个省份碳排放绩效均值大于 1，10 个省份碳排放绩效均值小于 1，说明大部分省份在 2001~2013 年农产品出口贸易隐含碳排放效率提升。其中排在前五位的省份是上海、山东、福建、河北、浙江，提升幅度较大，以上海为例，

年均碳排放绩效增加达到 5.8%；排在后五位的省份是河南、湖北、广西、青海、湖南，农产品碳排放均值低于 -1.95%。

表 6-3　　　　　　　2001~2013 年农产品出口隐含
碳排放绩效 MCIP 指数

省份	2001~2002年	2003~2004年	2005~2006年	2007~2008年	2009~2010年	2011~2012年	2012~2013年	平均值	排名
安徽	1.0430	1.0966	1.0171	1.0908	0.9527	1.0269	0.9893	1.0052	17
北京	1.0303	1.0456	1.0239	0.8183	0.9134	0.9913	0.9615	1.0045	18
福建	0.9492	1.2411	1.0449	1.0062	1.1336	1.0420	1.0410	1.0257	3
广东	0.9776	1.1195	0.9892	1.0044	0.9332	1.0143	1.0092	1.0061	14
甘肃	0.9652	0.8912	1.0178	1.0368	1.0027	0.9946	1.0282	0.9904	21
广西	0.9911	0.8440	0.9837	1.0711	0.8934	0.9970	0.9882	0.9767	26
贵州	0.9374	1.0315	1.0147	0.9611	1.0137	1.0325	1.0832	1.0055	15
河南	0.9655	1.0260	1.0051	1.0841	0.8950	1.0308	0.9511	0.9805	24
湖北	0.9548	0.9770	0.9443	1.0360	0.9224	1.0652	0.9590	0.9796	25
河北	1.0090	1.1194	1.0414	1.0427	1.0090	1.0237	1.0155	1.0241	4
黑龙江	1.0222	1.1449	0.9885	1.0505	0.9841	1.0309	0.9694	1.0111	9
湖南	0.9587	1.0134	0.9416	1.0632	0.8928	0.9440	0.9234	0.9637	28
吉林	1.0896	0.8574	0.9357	1.0407	0.9706	1.0127	0.9982	0.9834	23
江苏	1.0013	1.0694	1.0069	1.0524	0.9880	1.0121	0.9942	1.0141	7
江西	1.0913	0.9332	1.0251	0.9939	1.0220	0.9919	0.9889	1.0086	12
辽宁	1.0229	1.1351	1.0070	1.0206	1.0026	1.0316	1.0206	1.0134	8
内蒙古	0.8821	1.0247	1.4067	1.1005	0.9761	0.9128	1.0153	0.9880	22
宁夏	0.9220	1.0353	0.9882	1.0603	1.0030	1.0537	1.0410	1.0108	10
青海	0.9362	1.0865	0.9760	1.0118	0.8974	1.0311	0.9622	0.9725	27
四川	1.0264	1.0021	0.9697	1.0025	0.9394	1.0251	1.0326	1.0054	16
山东	0.9366	1.6056	1.0255	0.9569	1.1555	1.0893	0.8208	1.0551	2
上海	1.0351	1.0575	1.1045	0.9424	1.2846	0.9618	1.0601	1.0580	1
陕西	1.0674	0.8789	0.9808	1.0550	1.0527	1.0023	1.0194	0.9920	20

续表

省份	2001～2002年	2003～2004年	2005～2006年	2007～2008年	2009～2010年	2011～2012年	2012～2013年	平均值	排名
山西	0.9717	1.2661	0.9074	1.0602	0.9167	0.9701	0.9912	1.0096	11
天津	1.0938	0.9426	0.9148	0.9969	1.0323	1.0115	1.0407	1.0180	6
新疆	0.9492	1.0724	0.9699	0.9863	1.0254	1.0425	1.0117	1.0069	13
云南	0.9833	1.0156	0.9995	0.9718	1.0249	1.0110	0.9967	0.9980	19
浙江	1.0051	1.0447	1.0387	1.0305	1.0286	0.9947	0.9920	1.0186	5

注：Malmquist – Luenberger指数所取平均数均为相应年份之间的几何平均值。

根据28个省份的农产品出口隐含碳排放效率值定义环境、资源与农产品出口贸易发展的相对协调程度。碳排放绩效大于1.02，表示该地区资源投入最少、出口贸易发展最好、碳排放最少，定义为环境和农产品出口贸易高协调发展地区；碳排放绩效在[1.01, 1.02)之间，即资源投入较少，出口贸易增长较快，污染排放较少，则定义该地区为环境和农产品贸易较协调发展地区；碳排放绩效在[1.00, 1.01)之间为环境和农产品贸易较不协调发展地区；碳排放绩效小于1.00为环境和农产品贸易不协调发展地区。根据2001～2013年农产品出口隐含碳排放效率的平均值以及对环境、资源与农产品出口贸易发展协调性的定义，发现：

高协调发展省份：福建、河北、山东、上海；

协调发展省份：黑龙江、江苏、辽宁、宁夏、天津、浙江；

较不协调发展省份：安徽、北京、广东、贵州、江西、四川、山西、新疆；

不协调发展省份：甘肃、河南、吉林、内蒙古、陕西、云南、广西、湖北、湖南、青海。

从静态平均情况看，28个省份中有18个省份环境与农产品出口贸易发展处于不同程度的失调状态,面积上超过70%的地区属于环境与农产品出口贸易不协调发展。地区分布看,东部沿海地区农产品贸易发展和环境较为协调,中西部地区环境与农产品贸易发展的失衡呈现加剧态势。

6.4.5 "碳排放技术创新者"身份确认

通过计算 MCPI 及其分解可以在总体上了解隐含碳排放绩效的增长变化情况,但尚不能确定各年份究竟是哪些省区在主导着生产可能性边界的移动?如何找到在碳排放约束下生产前沿面的"创新者"。法尔等(2001)提出了推动生产前沿面的外移要同时满足以下三个条件。

$$\begin{cases} TECH_c^{t,t+1} > 1 \\ \overrightarrow{D^t}(X^{t+1}, Y^{t+1}, C^{t+1}; Y^{t+1}, -C^{t+1}) < 0 \\ \overrightarrow{D^{t+1}}(X^{t+1}, Y^{t+1}, C^{t+1}; Y^{t+1}, -C^{t+1}) = 0 \end{cases} \quad (6.12)$$

第一个条件表示从 t 期到 $t+1$ 期生产可能性边界沿着既定方向向量是向外扩张的,在既定的投入下,$t+1$ 期对于 t 期来说有着更多的期望产出和更少的非期望产出;第二个条件表示 $t+1$ 期投入产出值在 t 期环境技术结构下不可行,即技术进步发生后,$t+1$ 期的生产发生在 t 期生产可能性边界之外;第三个条件表示"碳排放技术创新者"必然会处于当期生产可能性边界上,效率值等于 1。如果同时满足上述三个条件,该出口单位就是"碳排放技术创新者"。

根据表 6-4 中 2001~2013 年农产品出口贸易"碳排放技术创新者"的确认结果,碳排放约束条件下,研究期间至少有 21 个生产单元移动生产可能性边界一次，带动着前沿技术进步。其中福建（10次）、江苏（10次）、北京（9次）、四川（9次）、上海（8次）、浙江（8次）表现最为突出。这些地区为促进农产品出口贸易隐含碳排放绩效的提高起到了示范和带动的作用。从地区分布情况来看，碳排放技术创新者主要集中在东部省份和西部一些边远省份。东部地区除山东、河北两省以外，其余7个东部省份推动次数在7次以上，技术创新表现突出的6个省份中就有5个属于东部地区。值得一提的是，东部地区的山东作为我国第一农产品出口大省，环境技术创新表现不佳，仅推动前沿技术进步1次。这也说明农产品出口大省不一定是出口强省，尤其在考虑环境因素以后。中部农业大省表现都不理想，节能减排技术创新能力低于其他三个地区，除了江西（7次）表现较好以外，湖南、湖北、陕西对前沿面的推动次数为0，河南仅有3次，安徽仅有2次。西部地区中技术创新程度较高的是四川和陕西，其余表现一般，但总体比中部地区要好。东北地区的辽宁（7次）表现较好，而同样作为中国北方粮食生产基地的吉林（4次）、黑龙江（0次）技术创新程度落后。

表6-4　　　农产品出口贸易"碳排放技术创新者"
身份确认（2001~2013年）

年份	创新者地区			
	东部	中部	西部	东北
2001	北京、福建、广东、河北、江苏、上海、天津、浙江	河南、江西	广西、内蒙古、青海、四川、陕西、新疆	吉林、辽宁
2002	北京、江苏、上海、天津、浙江	江西	四川、陕西	吉林、辽宁

续表

年份	创新者地区			
	东部	中部	西部	东北
2003	北京、广东、江苏、天津	江西	广西、四川	辽宁
2004	北京、福建、广东、江苏、上海、浙江		四川	
2005	北京、江苏、上海、浙江		青海	
2006	北京、福建、江苏、上海	安徽、河南、江西		辽宁
2007	北京、福建、江苏、天津、浙江	河南、江西	青海、四川	辽宁
2008	福建、广东、江苏、浙江		广西、青海、四川、陕西	辽宁
2009	福建、上海		宁夏、四川	
2010	福建、天津、浙江	江西	宁夏、陕西	辽宁
2011	北京、福建、广东、江苏、山东、上海、浙江	安徽、江西	广西、青海、陕西	吉林
2012	北京、福建、广东、江苏、天津		四川、陕西	吉林
2013	福建、广东、上海、天津		四川、陕西	

6.5 本章小结

本章应用基于方向性距离函数的 Malmquist – Luenberger DEA 模型,

将农产品贸易、效率与环境保护纳入一个统一框架，测度了 2001~2013 年中国各地区农产品出口贸易隐含碳排放绩效水平及其分解，分析碳排放约束条件下我国地区间农产品出口贸易绩效之间的差异，探索其分布特征和变化趋势，并与传统 Malmquist 指数进行对比，得出以下结论。

第一，2001~2013 年我国农产品出口贸易隐含碳排放绩效取得了一定增长，这种增长主要来源于前沿技术进步贡献，环境技术效率却存在小幅退化。这说明虽然我国农业科学研究体系在农业科研与技术创新方面取得了较大的成功，推动了农业节能减排技术的发展，但我们更要重视对现有资源的合理配置，提高农业资源利用效率以及对现有农业前沿技术的适应性改良、扩散和推广，在现有农产品出口贸易发展模式下，提高效率是减排的关键，依赖环境技术效率提高和农业技术进步来才能带动我国农产品出口贸易绩效水平的整体提升。

第二，从我国农产品出口贸易隐含碳排放绩效变动的时间趋势来看，其增长可以分为三个阶段，碳排放效率呈现不同的特点。从农产品出口贸易隐含碳排放绩效的地区分布来看，东部地区是碳排放绩效值最高，其次为东北、西部、中部。推动生产可能性边界向外扩展的"碳排放技术创新者"地区集中在福建、江苏、北京、上海、浙江为代表的东部地区和西部地区的四川。这要求我们在农业生产出口过程中，需进一步加强技术、经验、制度等方面的交流与扩散，缩小地区农产品出口隐含碳排放绩效之间的差距，各地区需因地制宜，采取重点不同的促进农业低碳化发展策略，从而实现整体上的农业节能减排、农产品出口可持续性增长目标。考虑碳排放约束后，作为粮食主产区的出口大省如山东、辽宁以及湖北、湖南等中部地区，出口隐含碳排放绩效远远落后于其他地区，这再次说明农产品出口贸易大省并不一定是出口强省。这些地区应当加强对农业生产过程的管理,建立和完善相关低碳农业制度,减少无效投入,控制无效产出,才能实现农产品出口的高贸易额与高效率协调一致。

第三,是否考虑碳排放因素对地区农产品出口贸易绩效指数及其分解有较大的影响,并可能导致政策偏误。如果不考虑农产品出口贸易中的隐含碳排放这种污染成本,传统的 M 指数会高估出口贸易绩效,放大技术进步和效率变化对农产品出口贸易绩效的影响程度,可能带来对农产品贸易增长模式及蕴含政策含义产生误判。中国加入世贸组织以来,农产品出口贸易稳定增长,但是长期以来这种出口贸易是以数量增加、投入增加为核心的增长方式,各地区在追求出口量快速扩张的同时,能源和资源消耗较大,出口结构仍不合理,导致农产品出口贸易隐含碳排放居高不下,须通过提高农产品的加工程度、技术含量、质量水平,培养国际营销能力和品牌效应,形成新的竞争优势,才能实现农产品出口贸易可持续性发展,使得 MCPI 指数超过 M 指数。

第 7 章
中国农产品出口贸易隐含碳排放绩效收敛性分析

  理论上,随着农产品出口贸易增长,对能源的需求量也会不断增加,如果无法改变能源消费结构,用清洁能源代替碳基能源,那么农产品出口贸易中的隐含碳将不断上升。但是,由于收入因素、技术因素、产业结构调整因素和政策因素等的影响,能源消费量和隐含碳排放并不会出现"恶性发散"的剧增,而是会呈现出收敛的特点(许广月,2013)。如收入收敛机制认为,随着人们收入水平的提高,对清洁产品的需求增加,对环境质量要求提高,从而环境将得到改善;技术收敛机制认为,随着生产清洁技术的应用于推广,能源使用效率提高,碳排放强度将下降,从而碳排放减少。本章利用建立在经济增长理论基础上的区域收敛模型,从地区差异上考虑不同省份农产品出口贸易隐含碳排放绩效的趋同或发散状况。由于我国地域空间发展不均衡,地区要素禀赋结构迥异,

第 7 章
中国农产品出口贸易隐含碳排放绩效收敛性分析

不同地区农业经济发展水平、农产品出口依存度、农业能源强度等差异性，导致农产品出口贸易碳排放效率的空间分布也存在一定的差异性。本章旨在通过分析农产品出口贸易隐含碳排放绩效的地区差异是否会收敛，是否存在落后地区的"追赶效应"以及收敛受什么因素影响等，以期为我国因地制宜制定减排任务和农产品出口政策、缩小地区农产品出口贸易隐含碳排放差异，促进农产品出口贸易与环境协调发展提供理论支持。

7.1 研究方法

收敛性分析有三种主要类型：α 收敛、β 绝对收敛、β 相对收敛。前两种属于绝对收敛。空间收敛性检验是为了分析全国不同地区的农产品出口隐含碳排放绩效在样本期间的趋同与发散情况。

7.1.1 α 收敛

α 收敛检验反映不同地区农产品出口隐含碳排放绩效偏离整体平均水平的差异和不平衡的动态过程（杨骞、刘华军，2012），表示不同地区的农产品出口隐含碳排放绩效的分散程度会随着时间推移而趋于相同。α 收敛不考虑隐含碳排放绩效的初始水平以及各地区的初始要素结构，如果该值随时间推移而降低，则认为存在 α 收敛。通常检验 α 收敛的方法有标准差、变异系数、基尼系数、泰尔指数。本书选择标准差对农产品出口隐含碳排放绩效地区收敛性进行检验：

$$\sigma_t = \sqrt{\frac{1}{n-1}\sum_{i=1}^{n}(MCPI_{i,t} - \overline{MCPI_t})^2} \quad (7.1)$$

式中，$MCPI_{i,t}$ 代表地区 i 在 t 年的农产品出口贸易隐含碳排放绩效，$\overline{MCPI_t}$ 为 t 年各地区农产品出口隐含碳排放绩效值，n 代表评价地区的个数。如果 $\sigma_t < \sigma_{t+1}$，则表示地区之间的农产品出口隐含碳排放绩效存在收敛趋势。

7.1.2 绝对 β 收敛

绝对 β 收敛指在各地区有相同的经济基础的严格假定，如各地区有相同的产业结构、收入水平、能源消费结构、清洁生产技术、对外开放度等，随着时间的推移，各地区的农产品出口隐含碳排放绩效将收敛于相同的水平。表示在完全相同的经济条件下，不同地区的农产品出口隐含碳排放绩效会趋于稳态水平，又称为无条件收敛。绝对 β 收敛检验方法有横截面分析和面板分析两种模型：

$$\ln(MCPI_{it+T}/MCPI_{it})/T = \alpha + \beta\ln MCPI_{it} + \mu_{it} \quad (7.2)$$

$$\ln(MCPI_{it+T}/MCPI_{it}) = \alpha + \beta\ln MCPI_{it} + \mu_{it} \quad (7.3)$$

式（7.2）为横截面分析模型，式（7.3）为面板分析模型。式中，i 为不同地区，t 为不同年份，α 为常数项，β 为估计系数，μ 为随机误差，T 为时间间隔期，$MCPI_{it}$ 表示 i 地区 t 时期的出口隐含碳排放绩效值，$\ln(MCPI_{it+T}/MCPI_{it})/T$ 表示出口隐含碳排放绩效从 t 时期到 $t+T$ 时期的年均增长率，$\ln(MCPI_{it+T}/MCPI_{it})$ 表示各年增长率。当 $T=1$ 时，式（7.2）与式（7.3）相等。如果 $\beta<0$，则表明存在绝对 β 收敛，农产品出口隐含碳绩效增长与碳绩效的初始值成反比，绩效较低的

地区存在追赶绩效较高地区的趋势，落后地区具有比先进地区更大的效率改进空间。

7.1.3 条件 β 收敛

条件 β 收敛指在考虑各地区间存在不同的经济基础的条件下（如各地区有不同的产业结构、收入水平、能源消费结构、清洁生产技术、对外开放度等），在引入控制变量后，农产品出口隐含碳排放绩效的空间差异是否会随着时间的推移而逐步缩小，即各地区的碳排放效率将收敛于各自的稳态水平。条件收敛模型能够最大限度地避免遗漏解释变量，增强了隐含碳排放绩效空间差异的解释能力，在实证分析中被广泛运用。在绝对 β 收敛模型的基础上加入影响碳排放绩效水平的主要因素作为控制变量。根据环境经济学的有关理论，影响出口农产品碳排放绩效的可能因素包括：出口开放度、经济发展水平、农业经济工业化程度、能源强度和出口企业规模，检验 β 条件收敛的方法也分为横截面模型和面板模型两种：

$$\ln(MCPI_{it+T}/MCPI_{it})/T = \alpha + \beta \ln MCPI_{it} + \sum_j \lambda_j F_{jit} + \mu_{it} \quad (7.4)$$

$$\ln(MCPI_{it+T}/MCPI_{it}) = \alpha + \beta \ln MCPI_{it} + \sum_j \lambda_j F_{jit} + \mu_{it} \quad (7.5)$$

其中，F_{jit} 为 i 地区 t 时期的第 j 种控制变量，λ_j 为第 j 种控制变量的回归系数。如果 $\beta<0$，则表明存在条件 β 收敛，表明随着时间的推移，各地区的农产品出口隐含碳排放绩效会收敛于各自的稳态水平，环境效率落后地区存在着"追赶效应"。

7.2 变量解释及数据来源

条件 β 收敛，需要引入的控制变量以及数据来源如下：

农业经济发展水平。格罗斯曼和克鲁格提出经济增长的不同阶段对环境产生不同的影响。在经济发展初期，经济增长的负面影响超过正面影响，环境恶化；而在经济发展到成熟阶段，情况则相反，环境得以改善。环境库兹涅茨倒"U"型曲线就是说明经济与环境之间从负相关到正相关的转折关系。本书采用农业人均 GDP 来衡量农业经济发展水平，单位为万元/人。各地区农业 GDP 来源于《中国农村统计年鉴》，按照1978 年不变价格进行调整，各地区人口数来源于历年《中国人口和就业统计年鉴》。

农产品出口依存度。虽然近年来中国的农产品进口额超过出口额，呈现明显的逆差格局，但农产品出口规模仍然不断攀升。出口贸易的扩大在带动国内农产品市场的繁荣和环境标准提高的同时，不可避免也带来了资源、能源消耗和环境污染等问题。农产品出口依存度为各地区农产品出口额占地区 GDP 的比重，各地区农产品出口总额来源于各年《中国农业年鉴》，来源与处理与第 6 章相同。

农业能源强度。能源强度作为衡量生产技术水平的指标反映了经济体利用能源效率的状况。强度越高意味着出口增长对能源的依赖性越强，因此对环境效率造成不利影响。能源强度用农业能源消费量与农业 GDP 的比值来表示，GDP 按照 1978 年不变价格进行调整。相关数据来源于各省统计年鉴和《中国能源统计年鉴》，单位为吨/万元。

农业经济工业化程度。一般认为，资本劳动比变化可以反映农业从劳动密集型向资本密集型转变的程度，是评价农业经济工业化、化学化程度的重要指标。"工业式"农业以高投入、高消耗、高产出为特征，导致环境资源破坏、出口农产品碳排放绩效下降。同时根据 H－O 理论，资本—劳动比也反映了地区农业生产要素禀赋结构，是农产品出口比较优势的重要影响因素。在此，用农业资本存量与农业劳动力数量之比反映地区农业经济工业化程度，比值越高，农业经济工业化程度越深。资本存量及农业劳动力来源与处理与第 6 章相同。单位为万元／人。

农产品出口企业规模结构。研究表明，合理的出口企业规模有利于出口环境效率的提高（涂正革，2008）。本书采用各地区年出口额 500 万元以上的大中型农产品出口企业的交货值在农业企业出口交货值的比重代表地区农产品出口企业的规模结构。相关数据来源于《中国农业年鉴》。

7.3 收敛性检验

7.3.1 α 收敛检验

采用标准差 σ_t 对全国及四大地区的农产品出口隐含碳排放绩效的变异或趋同规律进行比较。图 7－1 是全国及四大区域的农产品出口隐含碳绩效标准差的变化趋势图。从全国来看，标准差变化呈振动下降态势：2001～2004 年标准差较大幅度上升，表明我国农产品出口碳排放绩效地区差距逐渐扩大，2004年达到最大值0.1481，2004~2013年为有起伏的下降期，即2007~2009年标准差出现暂时上升后恢复下降趋势，2011达到最小值0.0361，表明此阶段我国农产品出口碳排放绩效地区差距逐渐缩小。

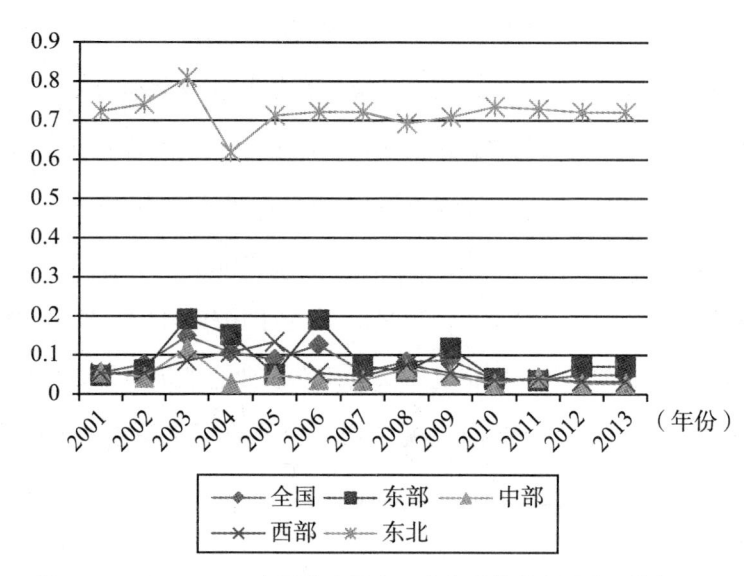

图7-1 2001~2013中国农产品出口隐含碳绩效空间差异的标准差

注：东部包括北京、天津、河北、上海、江苏、浙江、福建、山东和广东9个省份，中部包括山西、安徽、江西、河南、湖北、湖南6个省份，西部包括广西、贵州、四川、云南、陕西、甘肃、青海、宁夏、新疆、内蒙古10个省份，东北包括辽宁、吉林、黑龙江3个省份。

从四大区域来看，首先，东北地区标准差最大，高于其他三个地区，说明东北地区内部农产品出口碳排放效率离散程度高，变化差异最大；中部地区的值最小，说明中部各省农产品出口碳排放效率接近，地区差异小。其次，东部、中部和西部地区呈整体轻微下降的态势，但个别时期有所波动（如2003年标准差都出现上升）；而东北地区较平缓，除2003~2004年出现较大变化以外，其他年份都保持在0.7左右，标准差没有随时间推移而出现下降态势。从标准差的时间变化轨迹来看，全国和东部的碳排放绩效的空间差异走势基本相同，中部和西部较为接近。α收敛检验结果表明全国及东中西部地区的农产品出口隐含碳排放效率随着时间推进有较缓慢的缩减的现象，但表现出不同程度的波动性，东北地区没有出现缩小趋同态势。按照收敛理论，如果全国农产品出口隐含碳排放绩效存在收敛性，则表示促进地区间协同发展的农业环境保护政策和农产品出口贸易政策将有利于缩小中部、西部落后地区与发达沿海东部地区的差距，反之则反是。

7.3.2 绝对 β 收敛检验

为了进一步较精确的计算和分析地区收敛的效果，本书利用 2001～2015 年全国 28 个省份的面板数据进行绝对 β 收敛检验。本书希望截距项能反映一定的个体特征，截距项和各解释变量之间存在一定的相关性，从定性的角度来说，选择固定效应会更适合模型估计。同时，Hausman 检验拒绝原假设，检验结果也支持固定效应模型优于随机效应模型。为了消除序列自相关和异方差性，本书对面板数据进行截面加权（CSW）的 GLS 估计，回归分析时选用了不相关回归（SUR）方法。考虑到估计结果的稳健性，进一步采用截面模型对全国农产品出口隐含碳排放效率的地区差异进行绝对 β 收敛检验，根据前文农产品出口隐含碳排放绩效波动的时间特征，考虑 2001～2005 年、2006～2010 年、2011～2013 年三个阶段的收敛性。实证结果如表 7-1 和表 7-2 所示。

表7-1　　　　　　　　全国农产品出口隐含碳排放
绩效差异的绝对 β 收敛检验

模型及变量	面板模型	横截面模型（Ⅰ、Ⅱ、Ⅲ）		
		2001~2005年	2006~2010年	2011~2013年
常数项	0.004240	-1.384185***	-1.373173***	-0.693522***
ln*MCPI*	-1.103058***	-1.536136***	-0.9681***	-1.341823***
R^2	0.553326	0.569890	0.885421	0.449054
F 统计值	385.6834	34.44969	200.917	21.19156
样本数	364	28	28	28

注：*、**、***分别表示在10%、5%和1%的水平上显著。

表7-2　　　　　　　四大地区农产品出口隐含碳排放
绩效差异的绝对 β 收敛检验

模型及变量	东部	中部	西部	东北
常数项	0.022664**	-0.013906*	0.000683	-0.002661
ln*MCPI*	-1.096974***	-1.010215***	-1.208265***	-0.954422***
R^2	0.54048	0.513371	0.618417	0.488039
F 统计值	13.98351	12.48364	19.28586	11.12154
样本数	117	78	130	39

注：*、**、***分别表示在10%、5%和1%的水平上显著；全国和四大地区的 Hausman 检验表明应该建立个体固定效应模型。

从全国层面来看，表7-1显示，绝对 β 收敛检验面板数据模型估计效果较好，ln*MCPI* 的回归系数在固定效应下显著为负（-1.103058），检验存在绝对 β 收敛；横截面数据模型估计结果同样也显著为负，且全部通过置信水平为1%的显著性检验。因此，检验结果证明全国层面的农产品出口隐含碳绩效存在绝对 β 收敛检验，有共同收敛的趋势，全国范围内农产品出口隐含碳排放效率低的地区存在对高效率地区的"追赶效应"。2001~2005年收敛趋势最为明显,2006~2010年收敛速度放缓,2011~2013年收敛又有所加快。虽然全国层面下,农产品出口贸易间的隐含碳排放绩效地区差距会缩小,但在一定的时间内仍将存在。

从地区层面来看,从表7-2回归结果可以看出,四大地区的 ln*MCPI* 的回归系数均为负数,且通过1%显著性检验,说明四大区域内部的出口农产品隐含碳排放绩效显著的收敛趋势。西部地区收敛速度最快,其次是东部地区和中部地区,东北三省收敛较弱。

综合全国层面和地区层面的绝对 β 收敛结果,我国各地区之间和四大区域内部都存在绝对 β 收敛。农业环境保护政策和农产品出口贸易政策将有利于缩小中部、西部地区与沿海东部地区的差距。

7.3.3 条件 β 收敛检验

在绝对收敛模型的基础上加入控制变量农业经济发展水平、农产品出口依存度、农业经济工业化程度、农业能源强度、农业出口企业规模五项控制变量,分别采用截面模型和面板模型进行回归。同样的,在条件 β 收敛检验过程中,全国和四大区域的面板模型 Hausman 检验表明应该建立个体固定效应模型。检验结果见表7-3和表7-4。

表7-3 全国农产品出口隐含碳排放绩效差异的条件 β 收敛检验

模型及变量	面板模型	横截面模型（Ⅰ、Ⅱ、Ⅲ）		
		2001~2005年	2006~2010年	2011~2013年
常数项	-0.01885	-1.389033***	-1.38961***	-0.721453***
ln*MCPI*	-1.12695***	-1.77777***	-1.02878***	-1.482144***

续表

模型及变量	面板模型	横截面模型（Ⅰ、Ⅱ、Ⅲ）		
		2001~2005 年	2006~2010 年	2011~2013 年
农业经济发展水平 X_1	-0.14971**	-0.140517	-0.061118	-0.023371
农产品出口依存度 X_2	0.148516	0.230151	0.390683	-0.198826
农业经济工业化程度 X_3	-0.0856*	-0.077402*	-0.01621	0.011239
农业能源强度 X_4	-0.029559**	-0.017927*	-0.00856	-0.020639*
农业出口企业规模 X_5	-0.00102	-0.020245*	0.00497	0.07989
R^2	0.567205	0.624168	0.898817	0.50679
F 统计值	13.10563	5.812671	31.09074	3.596374
样本数	364	28	28	28

注：*、**、***分别表示在10%、5%和1%的水平上显著。

表 7-4　　　四大地区农产品出口隐含碳排放绩效差异的条件 β 收敛检验

模型及变量	东部	中部	西部	东北
常数项	0.015666**	-0.08326**	-0.07021	0.131696*
ln$MCPI$	-1.22015***	-1.35998***	-1.24187***	-1.14033***
农业经济发展水平 X_1	-0.06546*	6.528131	0.019531	-0.072578*
农产品出口依存度 X_2	-2.91817**	-1.36938	2.070949**	-3.78173
农业经济工业化程度 X_3	-0.0839*	0.099613	-0.05778**	0.283941
农业能源强度 X_4	-0.155507***	-0.00227	0.000161	0.065576
农业出口企业规模 X_5	0.003742	-0.0008	-0.02807**	0.144352
R^2	0.61491	0.629174	0.638359	0.573814
F 统计值	11.63379	10.18011	13.41533	5.048966
样本数	117	78	130	39

注：*、**、***分别表示在10%、5%和1%的水平上显著。

从全国层面来看（见表 7-3），面板模型和截面模型中 ln$MCPI$ 回归

第7章
中国农产品出口贸易隐含碳排放绩效收敛性分析

系数都为负值,且通过置信水平 1% 的显著性检验,证明我国农产品出口隐含碳排放绩效的地区分布在整体上存在条件收敛,随着时间的推移,全国各地区的出口农产品隐含碳排放绩效的空间差异逐渐缩小,将会收敛于各自的稳定水平。2001~2005 年收敛性最强。2006~2010 年 ln$MCPI$ 回归系数变小,趋同速度减缓。2011~2013 年 ln$MCPI$ 回归系数有所增加,收敛性再次增强。相比绝对 β 收敛的回归系数,条件收敛的回归系数发生了变化,说明农业经济发展水平、农产品出口依存度、农业经济工业化程度、农业能源强度、农业出口企业规模五项控制变量对隐含碳排放绩效变动产生了影响。

从地区层面来看(见表 7-4),东部、中部、西部、东北同样四大区域 ln$MCPI$ 同样全部为负值且通过显著性检验,表现出明显的条件收敛特征。各地区内部的碳排放绩效空间差异将随着时间的推移逐步缩小,落后地区逐渐追赶先进地区。与绝对 β 收敛略有不同的是,条件 β 收敛中,中部地区收敛趋势最为明显,其次是西部地区和东部地区,东北地区较弱,仍排在最后。因此,全国整体和四大区域既存在绝对 β 收敛又存在条件 β 收敛,证明我国各省份间的农产品出口隐含碳排放绩效的空间差异呈较为稳固的逐渐缩小的趋势。

下面就控制变量对农产品出口隐含碳排放绩效变化的影响展开分析。

农业经济发展水平 X_1。从全国 2001~2013 年整体层面来看,农业人均 GDP 变量在 5% 水平下显著且系数为 -0.14971,分阶段的横截面模型农业经济发展水平回归系数也均为负,但没有通过显著性检验。农业经济发展对农产品出口隐含碳排放绩效的收敛施加了负向影响,即随着农业经济的增长,出口隐含碳排放绩效增长幅度下降,当前阶段,我国农业经济的增长阻碍了农产品出口碳排放效率的提升。这与目前我国农业所处的发展阶段有关。当前，我国仍处于经济发展与碳排放之间库兹涅茨倒"U"型曲线的左半部分，农产品出口增加主要依赖大量资源消耗和能源投入，经济增长与碳排放之间还没有实现"脱钩"，随着农业经济与农产品出口的增长，碳排放进一步加重。这同时也说明经济发展和环境保护相一致的可持续经济发展模式是实现中国农产品出口贸易低能耗、低排放、低污染的基础。分地区来看，东部和东北地区该控制变量回归系数为负值且通过显著性检验，农业人均 GDP 每提升 1%，出口农产品隐含碳排放绩效将下降 6.546% 和 7.258%，中部和西部地区农业经济发展水平回归系数为正但没有通过显著性检验。

农产品出口依存度 X_2。全国面板模型及 2001~2005 年、2006~2010 年截面模型的农产品出口依存度（X_2）的系数均为正，但不显著。说明全国范围农产品出口依存度的提高对隐含碳排放绩效改善具有推动作用但不明显。分区域比较，东部地区 X_2 的系数在 5% 的置信水平上显著为负，中部和东北地区回归系数虽然为负，但不显著，说明东部地区的农产品出口依存度提高对于增加隐含碳排放绩效水平和缩小地区差异没有起到积极的促进作用；而西部地区 X_2 的系数在 5% 的置信水平上显著为正，说明西部地区的农产品出口依存度提高对于增加隐含碳排放绩效水平和缩小地区差异起到积极的促进作用。形成这一情况的原因可能是由于规模经济效应边际绩效递减规律的倒"U"型特征所致。我国农产品的生产出口大省主要集中在东部地区，东部地区农产品出口规模较大、出口依存度较高。东部地区在规模经济效应边际绩效递减规律的作用下，由于管理上的不经济、资源的浪费和单位成本升高，阻碍了地区隐含碳排放绩效的改善，这也预示着我国东部地区要加快从依靠扩大农产品出口规模向提高农产品出口质量的路径转化。而西部地区出口规模较小，

第7章
中国农产品出口贸易隐含碳排放绩效收敛性分析

技术和效率通过规模经济效应刺激出口的潜力仍然很大,农产品生产、出口规模还存在巨大的增长空间,尤其是西部地区。因此,我们应当依靠效率和技术进步大力推动中西部地区农业规模化经营,充分发挥规模经济效应对该地区农产品出口隐含碳效率的增强作用。

农业经济工业化程度 X_3。全国面板模型、截面模型 I 和模型 II、东部和西部地区的资本劳动比回归系数为负,表明全国角度和东部、西部随着农业经济工业化进程纵深发展,阻碍了农产品出口隐含碳排放绩效改善,进一步导致农产品出口隐含碳排放效率区域间的发散。可能的原因在于这些地区以资本和劳动力为代表的要素配置尚未达到优化农产品出口结构、提升农产品出口贸易的效率的效果。截面模型 III 的农业经济工业化程度回归系数为正值,虽然不显著,但是可以推断 2011~2013 年间,农业资本深化集中于碳排放绩效高的低碳农产品出口部门;另外,地区间农业资本深化发展不均衡,例如,东部地区资本深化偏向隐含碳绩效高的农产品出口部门,西部地区偏向隐含碳排放绩效低的农产品出口部门,资本深化的地区差异整体上对农产品出口隐含碳排放绩效产生正面影响。

农业能源强度 X_4。从全国的角度,面板模型和截面模型结果都显示,能源强度回归系数为负,表明能源强度上升阻碍了出口农产品碳排放绩效的改善,导致地区环境效率差异进一步扩大。能源强度越高意味着单位农产品出口的投入越多、承载的资源出口更多,致使出口效率下降。要使得农产品出口隐含碳绩效空间差异所缩小,必要要降低能源强度,改变农业粗放型的出口增长模式。面板模型通过了 5% 的显著性检验,但截面模型的显著性检验不太明显,2001~2005 年通过了 10% 的显著性检验。分地域来看,东部和中部地区与全国角度相符,农业能源强度与农产品出口隐含碳排放绩效变化率呈反比，其中东部地区在1%的置信度上显著。西部和东北地区农业能源强度与农产品出口隐含碳绩效之间的关系不显著。

农业出口企业规模 X_5。从全国面板模型来看，农业出口企业规模与农产品出口隐含碳排放绩效变化呈反比，但并不显著。即随着农产品出口企业规模扩大，不利于出口隐含碳排放绩效的上升，阻碍了落后地区对发达地区的"追赶效应"，导致农产品出口隐含碳排放绩效空间差异进一步发散。从全国分阶段截面模型来看，模型Ⅰ农业出口企业规模回归系数为负，模型Ⅱ、模型Ⅲ呈现正相关关系，说明出口企业规模对出口隐含碳影响是复杂的，随着时间的推移可能发生改变，如经济发展初期，随着出口企业规模的扩大，碳排放增加，阻碍农产品出口隐含碳排放绩效水平提升，进一步导致地区空间差异扩大；而一旦达到适度规模以后，拐点出现，随着出口企业规模的扩大，碳排放绩效才开始上升，从而碳排放绩效空间差异减小。

7.4 本章小结

本章首先在估算我国省级农产品出口贸易隐含碳排放绩效的基础上，采用 α 收敛、绝对 β 收敛、条件 β 收敛三种模型对全国及四大区域的碳排放绩效差异进行收敛性分析。α 收敛检验结果表明全国及东部、中部、西部地区的农产品出口隐含碳排放效率随着时间推进有较缓慢的缩减的现象，但表现出不同程度的波动性。绝对 β 收敛检验结果表明从全国层面来看，存在绝对 β 收敛，有共同收敛的趋势，全国范围内农产品出口

第7章
中国农产品出口贸易隐含碳排放绩效收敛性分析

隐含碳排放效率低的地区存在对高效率地区的"追赶效应"。从地区层面来看，四大地区内部的出口农产品隐含碳排放绩效有显著的收敛趋势，其中西部地区收敛速度最快，其次是中部地区和东部地区，东北地区收敛较弱。条件 β 收敛检验结果表明我国农产品出口隐含碳排放绩效的地区分布存在条件收敛，随着时间的推移，全国各地区的出口农产品隐含碳排放绩效的空间差异逐渐缩小，将会收敛于各自的稳定水平。在加入农业经济发展、农业经济工业化程度、农业能源强度、农业出口企业规模、农产品出口依存度五个控制变量后，仍然收敛，但是各控制变量的显著程度不同。

第 8 章
主要结论与政策建议

8.1 主 要 结 论

本书从隐含碳排放的视角出发,构建环境贸易的理论模型,对中国农产品出口贸易隐含碳排放进行量化,深入分析其变化趋势、结构特征及其发展变化的驱动因素,并对农产品出口贸易的碳排放效率进行评价,从而定量分析出口带动下的农产品能源消费和隐含碳排放,评价农产品出口贸易对我国环境的影响,最后基于收敛模型和 EKC 模型,检验农产品出口贸易隐含碳排放的空间收敛性和时间收敛性。通过对中国农产品出口贸易隐含碳排放的理论与实证分析,得出以下主要结论:

(1) 将环境要素纳入比较优势的逻辑框架里,构建贸易隐含碳排放

第8章
主要结论与政策建议

理论模型，解释了出口贸易中隐含碳排放的原因及特殊性问题。由于碳排放函数凸性特征，随着环境要素投入的增加，隐含碳排放也增加，而且以递增的方式增加，为了增加产出满足出口，环境要素投入的特殊性使得隐含碳排放作为副产品以超过产出的速度更快地增长，从而造成资源过度开发、环境迅速恶化等一系列问题。因此，为了社会的可持续性发展，以环境禀赋为比较优势，以环境要素作为密集使用的生产要素参与专业化分工与国际贸易要慎重。同时，环境要素的获取要以自然界的承载力为限，环境要素丰裕的国家考虑到低碳可持续发展的目标，在对待专业化生产与贸易上应更为慎重地权衡长远利益和当前利益。由于环境规制的存在，使得环境禀赋下的比较优势与现实发生偏离，产生贸易的扭曲。环境禀赋导致的比较优势下的专业分工与贸易，虽然使发展中国家获得短期贸易得利，但同时是以牺牲生态环境为代价的，对能源等自然资源的过度开发、消耗和二氧化碳大量排放，使发展中国家陷入竭泽而渔的境地。

（2）伴随着农产品出口贸易的增加，我国农产品出口贸易隐含碳排放量呈明显的增长趋势。近年来，农产品出口隐含碳增长速度已经超过农产品出口贸易增长速度，这说明农产品出口隐含碳排放效率有所下降，能源的利用效率在下降，农业节能减排需要被重视。同时，农产品出口二氧化碳排放量已经超过一些工业部门的出口二氧化碳排放量，处于从传统农业向现代农业过渡阶段的中国农业已绝非是传统农业时期的低碳行业。从中国农产品出口贸易隐含碳排放的商品来源结构来看，食品制造业和酒、饮料制造业为高度碳排放密集型部门，食品加工业和农业为中度碳排放密集型部门，渔业、林业、畜牧业和烟草制造业为低度碳排放密集型部门；从农产品出口隐含碳的能源分布结构来看，煤炭、原油、柴油、焦炭是农产品出口贸易隐含碳主要排放源，出口农产品能源消费结构仍然有不合理趋势，农业节能减排的潜力主要应在提高能源利用效率和优化能源利用结构上；从农产品出口隐含碳的技术结构来看，完全碳排放系数是直接碳排放系数的 8～11 倍，农产品生产和出口全过程中通过消耗大量其他产业部门的中间投入而消耗了大量的能源，排放出更多的二氧化碳。这也说明我国农业减排还存在很大的空间，提高中国农产品加工、生产中间环节的生产技术水平，加大清洁能源的使用，将可以显著地降低中国农产品单位完全能耗，从而显著地减少农产品生产和出口过程中产生的完全碳排放。

（3）根据贸易开发的环境效应理论，影响我国出口农产品隐含碳排放量的驱动力包括规模效应、结构效应和技术效应三个方面。2001～2015 年，规模效应是导致农产品出口二氧化碳增加的主要原因，累计贡献为增加隐含碳排放 6544.95 万吨，贡献率高达 171.33%，农产品出口规模的扩大对出口隐含碳排放量的增加作用显著；技术效应是抑制农产品出口二氧化碳排放量增长最重要的因素，累计贡献为 -621.68 万吨，贡献率为 2.15%，技术效应直接驱动了 2006～2009 年农产品出口隐含碳排放出现大幅降低，贡献率为 -32.1%，累计减少 2065.68 万吨隐含碳排放量。但是由于存在技术存在反弹效应，技术效应也可能导致农产品出口隐含碳排放的增加，因此，如何充分发挥技术效应的负向抑制碳排放的作用，积极推广低碳农业技术的应用任务依然艰巨；结构效应对中国农产品出口贸易隐含碳排放量变动的影响微弱，累计贡献仅为 -9.65 万吨，贡献率 0.89%，进一步调整优化农产品出口贸易结构是减低农产品出口隐含碳排放的重要方式，我国农产品出口结构具有较大的优化空间。

第8章
主要结论与政策建议

（4）2001~2015年，中国农产品出口隐含碳排放绩效平均增长0.42%，累计增长5.21%。中国农产品出口贸易隐含碳排放绩效呈现改进趋势。中国农产品出口贸易隐含碳排放绩效增长主要有前沿技术进步贡献。尽管总体而言研究期间在技术进步的推动下中国农产品出口贸易碳排放绩效提升，但农业生产方式仍然相对高碳，污染成本较大，农产品出口贸易仍然以外延式、粗放型增长为主，MCPI指数小于标准M指数说明在考虑以二氧化碳排放为代表的环境约束下，中国农产品出口贸易绩效将打折扣。虽然中国加入世贸组织以来，农产品出口贸易稳定增长，但是长期以来这种出口贸易是以数量增加、投入增加和低价成本优势为核心的增长方式，各地区在追求出口量快速扩张的同时，能源和资源消耗较大，出口结构不合理，导致农产品出口贸易隐含碳排放居高不下，须通过提高农产品的加工程度、技术含量、质量水平，培养国际营销能力和品牌效应，形成新的竞争优势，才能实现农产品出口贸易可持续性发展，使得MCPI指数超过标准M指数。当前我国各地区农产品出口贸易与环境协调性发展不平衡，其中东部地区农产品出口贸易发展和环境较为协调，中部、西部地区较不协调，这要求我们在农业生产出口过程中，需进一步加强技术、经验、制度等方面的交流与扩散，缩小地区农产品出口隐含碳排放绩效之间的差距，各地区需因地制宜，采取重点不同的促进农业低碳化发展策略，从而实现整体上的农业节能减排、农产品出口可持续性增长目标。

（5）随着时间的推移，全国各地区的出口农产品隐含碳排放绩效的空间差异逐渐缩小，将会收敛于各自的稳定水平，呈现较为稳固的逐渐缩小的趋势。促进地区间协同发展的农业环境保护政策和农产品出口贸易政策将有利于缩小中部、西部落后地区与发达沿海东部地区的差距。

四大地区内部的出口农产品隐含碳排放绩效有显著的收敛趋势，其中西部地区收敛速度最快，其次是中部地区和东部地区，东北地区收敛性较弱。

8.2 政策建议

8.2.1 改善农产品出口结构，切实转变农业贸易方式

长期以来，我国农业贸易增长是依赖劳动力、耕地、淡水等资源的大量投入的粗放型增长方式，农业生产消耗大量煤炭、柴油、电力等能源，化肥、农药、农膜等工业中间投入品的使用也不断增加。农产品出口贸易依赖"量"的增长而忽视了"质"的提高，致使资源短缺和环境恶化问题日益严峻。农产品出口贸易增长方式亟须由粗放型向集约型转变，这种转变要通过农产品出口结构的优化来实现。

当前，我国以中、高碳排农产品出口为主，所占比例超过50%。食品加工业、食品制造业、农业部门不仅碳排放系数较高，而且出口规模也大，加剧了我国农产品隐含碳的出口，而林业、烟草制造业碳排放系数较低同时出口规模也小。调整农产品出口商品结构，农产品出口应适当向林业、烟草制造业等扩大，通过实施有差别的出口退税制度，鼓励低碳农产品出口。在各农产品部门内部，引导企业改变传统经营理念，树立低碳产品观念，通过技术进步、效率改进和技术创新来提高产品附加值，在农产品出口贸易中重视质量的提高，进一步优化结构，减少高

第8章 主要结论与政策建议

耗能、高化学品投入的农作物的种植,由农业出口商品结构转变带动产业结构升级,实现低碳化发展。

食品加工业是农产品出口贸易隐含碳排放的最主要来源,近年来我国加工农产品贸易快速发展,增速超过大宗农产品贸易,占农产品的比重不断上升。加工农产品在出口不断扩大的同时也把大量的污染和碳排放留在了国内。因此,我国在鼓励加工农产品出口的同时,应该对于低耗能和高耗能加工农产品采取不同的管理策略。鼓励农产品加工企业进行自主创新和流程改造,国家给予技术和资金支持,帮助企业按照国家节能减排目标的要求进行改造升级,改变以数量增加和低价成本优势为核心的粗放型农产品贸易增长方式,通过提高农产品的加工程度、技术含量、质量水平,培养国际营销能力和品牌效应,形成新的竞争优势,实现农产品出口贸易可持续性发展。

结构效应对抑制农产品出口二氧化碳排放有较强的作用,当前我国农产品出口结构具有较大的优化空间。结构效应在各农产品部门的影响有正向也有负向,一些农产品部门出口额上升的同时另一些农产品部门出口额减少,不同部门的结构效应有正向推动也有负向抑制,由于这种正负之间的抵消作用,也使得总的农产品出口贸易隐含碳变化中结构效应的作用不明显。因此,可以通过对不同的农产品部门采用差异性的财政、税收等政策,鼓励农业隐含碳排放强度较低部门的出口,限制农业隐含碳排放强度较高部门的出口。对附加值较高、碳排放量少的企业给予税收减免,鼓励企业积极进行低碳产品的种植、加工。对于附加值较低、碳排放量高的企业的取消税收优惠,鼓励企业提高资源利用效率或者淘汰落后高排放的产能和工艺。

8.2.2 推动农业技术创新,大力研发农业低碳技术

由前文研究可知,技术效应是降低农产品出口贸易隐含碳排放最重要的方式,但是,当前我国农业生产、出口对能源的刚性需求不断加大,需要通过大力研发低碳技术,推动农业技术创新充分发挥技术减排作用。

推进农业生产和节能减排两方面技术的提高。农业技术进步可以提高农业生产率,提高资源的使用效率,减少能源消耗和碳排放水平,减轻生产活动对自然环境的不利影响;农业节能减排等清洁技术开发和对传统技术的取代,不仅能实现资源的循环利用、促进农业生产发展,还可以降低单位产出的碳排放,改善环境质量。如果各部门能源利用效率和物质利用效率提高,则各部门的技术效率为负,对农产品出口贸易隐含碳排放起抑制作用。

加强现代农业生产技术设备的研发,改进生产设施完善农田水利设施配套建设,大力发展节水灌溉农业,开发立体农业、循环农业等新型绿色环保农业生产技术,开发生物固氮、病虫害绿色防控、设施农业技术,加强推广农业废弃物的循环利用与资源再生化技术研发,降低农产品出口对农药化肥等中间投入品的依赖性,科学有度地使用农业中间投入物质,开发并使用低碳环保的有机肥料、清洁能源,既提高合意产出(即农业产量)也减少非合意产出(即碳排放)。

政府应在低碳生产技术创新和节能减排技术创新两方面给予政策、资金等多方面支持与鼓励,并积极引导推广使用自主创新成果,倡导并鼓励农产品生产出口企业引进和采用低碳技术,充分考虑农业低碳技术研发推广引进的实用性和可行性,调查企业的接受度,保障低碳技术投

第8章 主要结论与政策建议

入回报率。形成以政府为主导，高校、企业等各类研发主体相互结合的科技创新体系。

8.2.3 优化能源结构，实施农业生产出口全过程的节能减排

开发清洁能源，优化能源结构。调整农业能源消费结构，增加优质、高效、低碳的能源消费比重。我国以高度碳排放密集型农产品出口为主的现状与农业能源消费结构关系紧密。要加强能源的清洁利用，加快先进煤炭替代产品的研究，尤其是发电转换技术的研究，安全高效发展核电，大力发展风电，加快发展太阳能发电，积极发展地热能、生物质能和沼气和农作物稻秆利用等的发展；逐步降低碳排放因子较高的煤炭和原油消费比例，提高碳排放因子较低的天然气消费比例，在煤炭行业引进清洁生产技术；推动新能源利用方面的技术自主创新，积极推广新能源利用，降低使用成本，提高使用价值。

实施农业生产出口全过程的节能减排。减低农产品出口增长对化肥、农药、农膜等化学投入品的依赖，增加对节能环保农业机械的补贴力度、支持农机合作社的发展、积极推进节能型农业新技术和新机具的研发与推广；要加大测土配方施肥技术的示范和推广，推广氮肥减施、精准施肥、水肥一体化和缓释肥、长效肥和新型肥料，加强生物防治和抗病虫育种工作。

8.2.4 借鉴发达国家碳减排经验，积极推进国际合作

中国节能减排技术还落后于发达国家，因此借鉴发达国家碳减排政策、制度和经验，加强技术交流与合作是降低农产品出口贸易隐含碳排放有效途径之一。通过引进发达国家"清洁"的生产技术和管理经验，降低农业部门隐含碳排放强度，来减轻农产品出口贸易的中的隐含碳排放压力。

加强国际合作，积极参与国际CDM项目。中国作为最大的发展中国家，应积极参与国际气候谈判，开展国际合作，推进形成公平合理、合作共赢的全球气候治理体系，主动参与碳关税国际规则制定及碳标签认证等方面的国际合作，与世界其他国家共同促进全球绿色低碳转型与发展路径创新。在国际谈判中强调贸易中的碳排放转移问题，坚持共同但有区别的责任原则、公平原则、各自能力原则，减轻我国面临的碳减排压力，争取在低碳发展趋势中掌握主动权。

8.2.5 发展低碳循环农业生产模式，培育新的比较优势要素

生态农业和低碳循环农业发展模式采用"清洁生产"和"循环经济"理念，随着农产品国际贸易中绿色、低碳壁垒的逐渐盛行，新型低碳循环农业发展模式更适应国际市场对绿色、有机、无污染农产品的需求，具有广阔的发展空间和良好的市场前景。发展初期，由于经济效益小于生态效应，因此需对低碳循环农业和生态农业建立专门的激励政策，

建立完善的绿色农产品生产、流通服务体系，通过采用价格补贴、优惠的要素投入、基础建设扶持等措施给予支持。

构建农业生态共生网络，改造传统农业生产的狭小模式，建立范围更广的生态产业循环链，在农业与工业、农业内部之间构建生态共生网络，促进农业与工业之间的产业融合，从而形成生态农业等新型产业形态。立足种养废弃物、农产品加工废弃物循环再利用，推广垄作免耕、秸秆还田等措施以提高土壤肥力，增加土壤有机碳的储存容量，减少有害投入品使用量，减少农业污染和土壤退化，构建固碳增汇型生产模式。

制定农产品生产碳排放国家标准，运用组织化、社会化等手段引导和改造传统农业生产模式，强化监管工作中的"低碳"理念，引导农产品生产出口企业树立高效农业、清洁农业、安全农业的理念，提高农产品的生产和出口的技术标准、质量标准，进一步丰富我国出口农产品的种类和数量，并开拓国际市场，为我国农产品出口低碳化转型获取更多的发展空间。积极发现并不断培育新的农产品出口贸易比较优势要素，改变依赖资源、环境要素的发展农产品出口贸易，着力培养农产品的品牌、品质、健康、卫生、安全、信誉、营销能力等要素，加强对中国农产品的正面宣传，改善中国农产品的环境形象，构建新型低碳比较优势。

8.3 研究不足与展望

关于农产品贸易隐含碳的研究目前并不丰富，由于笔者研究水平有限，加之数据获取的困难，本书还存在许多不足。主要如下：

一是本书以我国农产品出口贸易隐含碳为研究对象，没有考虑进口贸易中隐含碳排放，因此无法从净贸易角度检验我国究竟是农产品隐含碳的净出口国还是净进口国。采用单区域投入产出模型，暗含技术同质性假设，而进口隐含碳来自世界不同国家和地区，由于各国生产技术不同，进口贸易隐含碳排放如果使用单区域投入产出模型，准确性会打折扣，使结论不可靠。进口隐含碳的计算通常建立在多区域投入产出模型基础上，由于该模型对数据搜集要求较高，工作量大，无法在本书内完成，这也为本书下一步研究提供了方向。将来的研究可以进一步考察多边或双边农产品贸易的隐含碳排放，从贸易国别角度补充本书。

二是在运用投入产出分析法估计隐含碳排放量时，各类数据来源的统计口径不一致，需将不同的行业统计口径进行整合归并，将能源消费部门、投入产出表的行业以及海关出口商品分类进行调整对齐。虽然能源消费部门与投入产出表行业存在较好的对应关系，但是海关出口商品分类与二者之间的对齐没有统一权威的标准，同时一个海关出口商品分类可能对应投入产出表中两个或两个以上不同行业，需要进行拆分。本书按照典型商品对应原则将出口农产品分类与投入产出各行业分类对齐，在整理数据的过程中，主观估计不可避免的，因而难免造成数据上误差，对结果可能产生一定影响。

三是在全球减排背景下，环境因素正使一国或地区的外贸竞争力的内涵发生新的重要变化，以保护资源和生态环境为目的的可持续发展能力成为衡量一国贸易竞争力的重要指标。本书对农产品出口贸易隐含碳排放绩效的分析虽然能反映在碳排放约束条件下我国农产品出口贸易效

第8章
主要结论与政策建议

率的高低变化和地区差异，但是缺乏将环境因素直接纳入外贸竞争力测度体系，不能直接评价隐含碳排放约束条件下我国农产品的出口竞争力的强弱变化，因而也无法比较传统农产品出口竞争力评价指标体系与考虑碳排放约束条件下的农产品出口竞争力评价体系的差异。本书为构建考虑环境因素的农产品出口贸易竞争力指标体系，衡量和评价碳排放约束条件下我国农产品出口竞争力强弱及地区差异的研究工作打下了基础。

附 录

附表1　　　　按照2007年（135类）投入产出表部门分类的行业对应

投入产出编码	98章HS编码与投入产出部门对应	135投入产出表部门	43能源部门
1	06 07 08 09 10 12	农业	农林牧渔水利业
2	13 14	林业	
3	01	畜牧业	
4	03	渔业	
5		农、林、牧、渔服务业	
6	27	煤炭开采和洗选业	煤炭开采和洗选业
8～9	26	黑色金属矿采选业	黑色金属矿采选业
		有色金属矿采选业	有色金属矿采选业
10	25	非金属矿及其他矿采选业	非金属矿及其他矿采选业
11	11	谷物磨制业	农副食品加工业
12	23	饲料加工业	
13	15	植物油加工业	
14	17	制糖业	
15	02 05	屠宰及肉类加工业	
16	16	水产品加工业	
17	20	其他食品加工业	

续表

投入产出编码	98章HS编码与投入产出部门对应	135投入产出表部门	43能源部门
18	19	方便食品制造业	食品制造业
19	04	液体乳及乳制品制造业	
20	21	调味品、发酵制品制造业	
21	04 19	其他食品制造业	
22	22	酒精及酒的制造业	饮料制造业
23	18	软饮料及精制茶加工业	
24	24	烟草制品业	烟草制品业
25	52 55 58 54	棉、化纤纺织及印染精加工业	纺织业
26	51	毛纺织和染整精加工业	
27	50 53	麻纺织、丝绢纺织及精加工业	
28	56 57 58 59 63	纺织制成品制造业	
29	60 61	针织品、编织品及其制品制造业	
30	62 64 65	纺织服装、鞋、帽制造业	纺织服装、鞋、帽制造业
31	41 42 43 64 65	皮革、毛皮、羽毛（绒）及其制品业	皮革、毛皮、羽毛（绒）及其制品业
32	44 45 46	木材加工及木、竹、藤、棕、草制品业	木材加工及木、竹、藤、棕、草制品业
33	94	家具制造业	家具制造业
34	47 48	造纸及纸制品业	造纸及纸制品业
35	49	印刷业和记录媒介的复制业	印刷业和记录媒介的复制业
36	92 95	文教体育用品制造业	文教体育用品制造业

续表

投入产出编码	98章HS编码与投入产出部门对应	135投入产出表部门	43能源部门
37~38	27	石油及核燃料加工业 炼焦业	石油加工、炼焦及核燃料加工业
39	28　29	基础化学原料制造业	化学原料及化学制品制造业
40~41	31	肥料制造业/农药制造业	
42	32	涂料、油墨、颜料及类似产品制造业	
43	39　40	合成材料制造业	
44	35　36　37　38	专用化学产品制造业	
45	33　34	日用化学产品制造业	
46	30	医药制造业	医药制造业
47	54	化学纤维制造业	化学纤维制造业
48	40　64	橡胶制品业	橡胶制品业
49	39	塑料制品业	塑料制品业
52	68	砖瓦、石材及其他建筑材料制造业	非金属矿物制品业
53	70	玻璃及玻璃制品制造业	
54	69	陶瓷制品制造业	
56	68　71	石墨及其他非金属矿物制品制造业	
57~60	72　73	炼铁业、炼钢业、钢压延加工业、铁合金冶炼业	黑色金属冶炼及压延加工业
61~62	71　74　75　76 78　79　80　81	有色金属冶炼及合金制造业 有色金属压延加工业	有色金属冶炼及压延加工业
63	73　74　75　76 82　83	金属制品业	金属制品业

续表

投入产出编码	98章HS编码与投入产出部门对应	135投入产出表部门	43能源部门
64~68	84	锅炉及原动机制造业	通用设备制造业
		金属加工机械制造业	
		起重运输设备制造业	
		泵、阀门、压缩机及类似机械的制造业	
		其他通用设备制造业	
69~71	84	矿山、冶金、建筑专用设备制造业	专用设备制造业
		化工、木材、非金属加工专用设备制造业/农林牧渔专用机械制造业	
72	84 93 90	其他专用设备制造业	
73	86	铁路运输设备制造业	交通运输设备制造业
74	87	汽车制造业	
75	89	船舶及浮动装置制造业	
76	88	其他交通运输设备制造业	
77	85	电机制造业	电器机械及器材制造业
78	85	输配电及控制设备制造业	
79~80	84 85	家用电力和非电力器具制造业	
81	85	其他电气机械及器材制造业	
82~83	85	雷达及广播设备制造业	通信设备、计算机及其他电子设备
84	84	电子计算机制造业	
85~87	85	电子元器件制造业	
		家用视听设备制造业/其他电子设备制造业	
88	90 91	仪器仪表制造业	仪器仪表及文化、办公机械
89	90	文化、办公用机械制造业	

续表

投入产出编码	98章HS编码与投入产出部门对应	135投入产出表部门	43能源部门
90	57 71 66 67 96 97	工艺品及其他制造业	工艺品及其他制造业
91	25 26	废品废料	废品废料
108	98	餐饮业	批发零售业和住宿餐饮业

注：第二栏 01~98 数字分别表示 98 章商品。出口额为零的投入产出部门在表中省略，相对应的分行业能源消费部门的其他采矿业/石油和天然气开采业/金属制品、机械和设备修理服务/电力、热力的生产和供应业/燃气生产和供应业/水的生产和供应业/建筑业/交通运输、仓储和邮政业/其他行业 9 个行业也因此省略。

附表2　　按照2002年（122类）投入产出表部门分类的行业对应

投入产出编码	98章HS编码与投入产出部门对应	122投入产出表部门	43能源部门
01001	06 07 08 09 10 12	农业	农、林、牧、渔、水利业
02002-3	13 14	林业/木材及竹材采运业	
03004	01	畜牧业	
04005	03	渔业	
06007	27	煤炭开采和洗选业	煤炭开采和洗选业
08009/09010	26	黑色金属矿采选业	黑色金属矿采选业
		有色金属矿采选业	有色金属矿采选业
10012	25	其他非金属矿采选业	非金属矿采选业
13013	11	谷物磨制业	农副食品加工业
13014	23	饲料加工业	
13015	15	植物油加工业	
13016	17	制糖业	
13017	02 05	屠宰及肉类加工业	
13018	16	水产品加工业	
13019	20 19 04 21	其他食品加工和食品制造业	

续表

投入产出编码	98章HS编码与投入产出部门对应	122投入产出表部门	43能源部门
15020	22	酒精及饮料酒制造业	饮料制造业
15021	18	其他饮料制造业	
16022	24	烟草制品业	烟草制品业
17023	52 55 58 54	棉、化纤纺织及印染精加工业	纺织业
17024	51	毛纺织和染整精加工业	
17025	50 53	麻纺织、丝绢纺织及精加工业	
17026	56 57 58 59 63	纺织制成品制造业	
17027	60 61	针织品、编织品及其制品制造业	
18028	62 64 65	纺织服装、鞋、帽制造业	纺织服装、鞋、帽制造业
19029	41 42 43 64 65	皮革、毛皮、羽毛（绒）及其制品业	皮革、毛皮、羽毛（绒）及其制品业
20030	44 45 46	木材加工及木、竹、藤、棕、草制品业	木材加工及木、竹、藤、棕、草制品业
21031	94	家具制造业	家具制造业
22032	47 48	造纸及纸制品业	造纸及纸制品业
23033	49	印刷业和记录媒介的复制业	印刷业和记录媒介的复制业
24034-35	92 95	文化用品制造业 玩具体育娱乐用品制造业	文教体育用品制造业
25036/25037	27	石油及核燃料加工业 炼焦业	石油加工、炼焦及核燃料加工业

续表

投入产出编码	98章HS编码与投入产出部门对应	122投入产出表部门	43能源部门
26038	28　29	基础化学原料制造业	化学原料及化学制品制造业
26039-40	31	肥料制造业/农药制造业	
26041	32	涂料、颜料、油墨及类似产品制造业	
26042	31　40	合成材料制造业	
26043	35　36　37　38	专用化学产品制造业	
26044	33　34	日用化学产品制造业	
27045	30	医药制造业	医药制造业
28046	54	化学纤维制造业	化学纤维制造业
29047	40　64	橡胶制品业	橡胶制品业
30048	39	塑料制品业	塑料制品业
31050	70	玻璃及玻璃制品制造业	非金属矿物制品业
31051	69	陶瓷制品制造业	
31053	68　71	其他非金属矿物制品制造业	
32054-56	72　73	炼铁业/炼钢业/钢压延加工业	黑色金属冶炼及压延加工业
33057-59	71　74　75　76　78　79　80　81	铁合金冶炼业、有色金属冶炼业	有色金属冶炼及压延加工业
		有色金属压延加工业	
34060	73　74　75　76　82　83	金属制品业	金属制品业
35061-63	84	锅炉及原动机制造业	通用设备制造业
		金属加工机械制造业	
		其他通用设备制造业	

续表

投入产出编码	98章HS编码与投入产出部门对应	122投入产出表部门	43能源部门
36064	84	农林牧渔专用机械制造业	专用设备制造业
36065	84 93 90	其他专用设备制造业	
37066	86	铁路运输设备制造业	交通运输设备制造业
37067-68	87	汽车制造业、汽车零部件及配件制造业	
37069	89	船舶及浮动装置制造业	
37071	88	其他交通运输设备制造业	
39072	85	电机制造业	电气机械及器材制造业
39073	84 85	家用器具制造业	
39074	85	其他电气机械及器材制造业	
40075	85	通信设备制造业	通信设备、计算机及其他电子设备
40076-77	84	电子计算机整机制造业、其他电子计算机设备制造业	
40078	85	电子元器件制造业	
40079-80	85	家用视听设备制造业/其他通信、电子设备制造业	
41081	90 91	仪器仪表制造业	仪器仪表及文化、办公用机械
41082	90	文化、办公用机械制造业	
42083	57 71 66 67 96 97	工艺美术品制造业	工艺品及其他制造业
42084		其他工业	
43085	25 26	废品废料	废品废料
67104	98	餐饮业	批发、零售业和住宿、餐饮业

注：同附表1。

附表 3　　　　按照 2012 年（139 类）投入产出表部门分类的行业对应

投入产出编码	98 章 HS 编码与投入产出部门对应	139 投入产出表部门	46 能源部门
01001	06　07　08　09　10　12	农产品	农、林、牧、渔、水利业
02002	13　14	林产品	
03003	01	畜牧产品	
04004	03	渔产品	
06006	27	煤炭采选产品	煤炭开采和洗选业
08008	26	黑色金属矿采选产品	黑色金属矿采选业
09009	26	有色金属矿采选产品	有色金属矿采选业
10010	25	非金属矿采选产品	非金属矿采选业
11011	25	开采辅助服务和其他采矿产品	开采辅助活动与其他采矿业
13012	11	谷物磨制品	农副食品加工业
13013	23	饲料加工品	
13014	15	植物油加工品	
13015	17	糖及糖制品	
13016	02　05	屠宰及肉类加工品	
13017	16	水产加工品	
13018	20	蔬菜、水果、坚果和其他农副食品加工品	
14019	19	方便食品	食品制造业
14020	04	乳制品	
14021	21	调味品、发酵制品	
14022	19　04	其他食品	

续表

投入产出编码	98章HS编码与投入产出部门对应	139投入产出表部门	46能源部门
15023	22	酒精和酒	饮料制造业
15024	18	饮料和精制茶加工品	
16025	24	烟草制品	烟草制品业
17026	52 55 58 54	棉、化纤纺织及印染精加工品	纺织业
17027	51	毛纺织及染整精加工品	
17028	50 53	麻、丝绢纺织及加工品	
17029	60 61	针织或钩针编织及其制品	
17030	56 57 58 59 63	纺织制成品	
18031	62 64 65	纺织服装服饰	纺织服装、服饰业
19032	41 42 43 65	皮革、毛皮、羽毛及其制品	皮革、毛皮、羽毛及其制品和制鞋业
19033	64	鞋	
20034	44 45 46	木材加工品和木、竹、藤、棕、草制品	木材加工和木、竹、藤、棕、草制品业
21035	94	家具	家具制造业
22036	47 48	造纸和纸制品	造纸和纸制品业
23037	49	印刷品和记录媒介复制品	印刷和记录媒介复制业
24038	92 95	文教、工美、体育和娱乐用品	文教、工美、体育和娱乐用品制造业
25039	27	精炼石油和核燃料加工品	石油加工、炼焦和核燃料加工业
25040		炼焦产品	

续表

投入产出编码	98章HS编码与投入产出部门对应	139投入产出表部门	46能源部门
26041	28 29	基础化学原料	化学原料和化学制品制造业
26042	31	肥料	
26044	32	涂料、油墨、颜料及类似产品	
26045	39 40	合成材料	
26046	35 36 37 38	专用化学产品和炸药、火工、焰火产品	
26047	33 34	日用化学产品	
27048	30	医药制品	医药制造业
28049	54	化学纤维制品	化学纤维制品
29050	40 64	橡胶制品	橡胶和塑料制品业
29051	39	塑料制品	
30054	68	砖瓦、石材等建筑材料	非金属矿物制品业
30055	70	玻璃和玻璃制品	
30056	69	陶瓷制品	
30058	68 71	石墨及其他非金属矿物制品	
31059		钢、铁及其铸件	黑色金属冶炼和压延加工业
31060	72 73	钢压延产品	
31061		铁合金产品	
32062	71 74 75 76	有色金属及其合金和铸件	有色金属冶炼和压延加工业
32063	78 79 80 81	有色金属压延加工品	
33064	73 74 75 76 82 83	金属制品	金属制品业

续表

投入产出编码	98章HS编码与投入产出部门对应	139投入产出表部门	46能源部门
34065	84	锅炉及原动设备	通用设备制造业
34066		金属加工机械	
34067		物料搬运设备	
34068		泵、阀门、压缩机及类似机械	
34070		其他通用设备	
34069	90	文化、办公用机械	
35071/35072/35073	84	采矿、冶金、建筑专用设备	专用设备制造业
		化工、木材、非金属加工专用设备/农、林、牧、渔专用机械	
35074	84 93 90	其他专用设备	
36075	87	汽车整车	汽车制造业
36076		汽车零部件及配件	
37077	86	铁路运输和城市轨道交通设备	铁路、船舶、航空航天和其他运输设备制造业
37078	89	船舶及相关装置	
37079	88	其他交通运输设备	
38080	85	电机	电气机械和器材制造业
38081-83	85	输配电及控制设备/电线、电缆、光缆及电工器材/电池	
38084	84 85	家用器具	
38085	85	其他电气机械和器材	

续表

投入产出编码	98章HS编码与投入产出部门对应	139投入产出表部门	46能源部门
39086	84	计算机	计算机、通信和其他电子设备制造业
39087-91	85	通信设备广播电视设备和雷达及配套设备	
		视听设备	
		电子元器件/其他电子设备	
40092	90 91	仪器仪表	仪器仪表
41093	57 71 66 67 96 97	其他制造产品	其他制造产品
42094	25 26	废弃资源和废旧材料回收加工品	废弃资源和废旧材料回收加工品
62113	98	餐饮	批发、零售业和住宿、餐饮业

注：同附表1。

附表4　　　2001~2015年分行业农产品隐含

碳排放系数（完全碳排放系数）　　单位：吨CO_2/万元

年份	1 农业	2 林业	3 畜牧业	4 渔业	5 食品加工业					
					谷物磨制业	饲料加工业	植物油加工业	屠宰及肉类加工业	水产品加工业	其他食品加工业
2001	2.2648	1.6446	1.6178	2.3474	2.6912	2.8645	2.4851	2.0696	2.4415	3.3193
2002	2.4195	1.7033	1.6893	2.4072	2.8030	2.9172	2.6105	2.1242	2.4840	3.3154

续表

年份	1 农业	2 林业	3 畜牧业	4 渔业	5 食品加工业					
					谷物磨制业	饲料加工业	植物油加工业	屠宰及肉类加工业	水产品加工业	其他食品加工业
2003	2.5743	1.7620	1.7608	2.4670	2.9148	2.9699	2.7360	2.1788	2.5266	3.3116
2004	2.9574	2.0361	2.0227	2.8668	3.3931	3.4337	3.1466	2.5333	2.9538	3.8351
2005	3.3095	2.2665	2.2367	3.1626	3.7620	3.8039	3.4886	2.7842	3.2516	4.2614
2006	3.6686	2.5079	2.4692	3.5240	4.1691	4.2043	3.8552	3.0658	3.6058	4.7222
2007	1.6392	1.1177	1.0298	1.2218	1.9258	1.8437	1.7944	1.3541	1.5401	2.0311
2008	1.7387	1.1817	1.0578	1.2773	1.9668	1.8973	1.8426	1.3467	1.5638	2.0952
2009	1.8160	1.2359	1.1076	1.3451	2.0606	1.9862	1.9286	1.4101	1.6433	2.1956
2010	1.9302	1.3229	1.1818	1.4494	2.1954	2.1189	2.0561	1.5075	1.7672	2.3430
2011	2.1284	1.4495	1.2905	1.5778	2.4136	2.3197	2.2522	1.6407	1.9218	2.5677
2012	2.2159	1.5138	1.3433	1.6474	2.5100	2.4137	2.3429	1.7077	2.0045	2.6706
2013	2.4652	1.7927	1.3790	1.4320	2.5430	2.3910	2.4023	2.6026	1.8704	1.9125
2014	2.4567	1.7937	1.3613	1.4183	2.5283	2.3630	2.3811	2.5628	1.8496	1.8936
2015	2.4311	1.7816	1.3481	1.4042	2.5003	2.3311	2.3552	2.5104	1.8338	1.8758

年份	6 食品制造业						7 酒精及酒、茶、饮料制造业		8 烟草制品业
	制糖业	方便食品制造业	液体乳及乳制品制造业	调味品、发酵制品制造业	其他食品制造业	酒精及饮料酒制造业	其他饮料制造业	
2001	2.7639	3.3193	3.3193	3.3193	3.3193	2.8762	3.8916	0.8670
2002	2.8345	3.3154	3.3154	3.3154	3.3154	2.8477	3.7870	0.8254
2003	2.9052	3.3116	3.3116	3.3116	3.3116	2.8193	3.6825	0.7838
2004	3.3665	3.8351	3.8351	3.8351	3.8351	3.3359	4.2950	0.8566
2005	3.7471	4.2614	4.2614	4.2614	4.2614	3.6892	4.7793	0.9467
2006	4.1616	4.7222	4.7222	4.7222	4.7222	4.0676	5.3078	1.0462

续表

年份	6 食品制造业					7 酒精及酒、茶、饮料制造业		8 烟草制品业
	制糖业	方便食品制造业	液体乳及乳制品制造业	调味品、发酵制品制造业	其他食品制造业	酒精及饮料酒制造业	其他饮料制造业	
2007	2.0412	2.1912	2.1142	2.3949	2.2273	1.9898	2.4968	1.0478
2008	2.1071	2.2999	2.2006	2.5164	2.3342	2.1097	2.6453	1.1098
2009	2.2112	2.4102	2.3056	2.6373	2.4474	2.2119	2.7703	1.1612
2010	2.3609	2.5783	2.4736	2.8216	2.6184	2.3598	2.9635	1.2414
2011	2.5915	2.8141	2.6936	3.0845	2.8604	2.5771	3.2403	1.3540
2012	2.6963	2.9295	2.8059	3.2113	2.9786	2.6765	3.3709	1.4055
2013	2.5910	2.5126	2.4650	2.9690	2.6942	2.6049	3.0078	1.1281
2014	2.5664	2.4696	2.4333	2.9214	2.6528	2.5730	2.9687	1.1093
2015	2.5356	2.4318	2.4000	2.8651	2.6117	2.5200	2.9208	1.0911

附表5　　2001~2015年分行业农产品直接碳排放系数

单位：吨 CO_2/万元

年份	1 农业	2 林业	3 畜牧业	4 渔业	5 食品加工业				
					谷物磨制业	饲料加工业	植物油加工业	屠宰及肉类加工业	水产品加工业	其他食品加工业
2001	0.3002	0.3002	0.3002	0.3002	0.3875	0.3875	0.3875	0.3875	0.3875	0.3875
2002	0.3095	0.3095	0.3095	0.3095	0.3923	0.3923	0.3923	0.3923	0.3923	0.3923
2003	0.3188	0.3188	0.3188	0.3188	0.3971	0.3971	0.3971	0.3971	0.3971	0.3971
2004	0.3366	0.3366	0.3366	0.3366	0.2572	0.2572	0.2572	0.2572	0.2572	0.2572
2005	0.3106	0.3106	0.3106	0.3106	0.2541	0.2541	0.2541	0.2541	0.2541	0.2541
2006	0.2917	0.2917	0.2917	0.2917	0.2302	0.2302	0.2302	0.2302	0.2302	0.2302

续表

年份	1 农业	2 林业	3 畜牧业	4 渔业	5 食品加工业					
					谷物磨制业	饲料加工业	植物油加工业	屠宰及肉类加工业	水产品加工业	其他食品加工业
2007	0.2389	0.2389	0.2389	0.2389	0.1174	0.1174	0.1174	0.1174	0.1174	0.1174
2008	0.1478	0.1478	0.1478	0.1478	0.1499	0.1499	0.1499	0.1499	0.1499	0.1499
2009	0.1525	0.1525	0.1525	0.1525	0.1537	0.1537	0.1537	0.1537	0.1537	0.1537
2010	0.1630	0.1630	0.1630	0.1630	0.1570	0.1570	0.1570	0.1570	0.1570	0.1570
2011	0.1706	0.1706	0.1706	0.1706	0.1571	0.1571	0.1571	0.1571	0.1571	0.1571
2012	0.1758	0.1758	0.1758	0.1758	0.1598	0.1598	0.1598	0.1598	0.1598	0.1598
2013	0.1891	0.1891	0.1891	0.1891	0.2559	0.2559	0.2559	0.2559	0.2559	0.2559
2014	0.1961	0.1961	0.1961	0.1961	0.2560	0.2560	0.2560	0.2560	0.2560	0.2560
2015	0.1994	0.1994	0.1994	0.1994	0.2605	0.2605	0.2605	0.2605	0.2605	0.2605

年份	6 食品制造业					7 酒精及酒、茶、饮料制造业		8 烟草制品业
	制糖业	方便食品制造业	液体乳及乳制品制造业	调味品、发酵制品制造业	其他食品制造业	酒精及饮料酒制造业	其他饮料制造业	
2001	0.3875	0.5449	0.5449	0.5449	0.5449	0.6382	0.6382	0.2236
2002	0.3923	0.5147	0.5147	0.5147	0.5147	0.6397	0.6397	0.2237
2003	0.3971	0.4845	0.4845	0.4845	0.4845	0.6411	0.6411	0.2238
2004	0.2572	0.5862	0.5862	0.5862	0.5862	0.6269	0.6269	0.1452
2005	0.2541	0.5606	0.5606	0.5606	0.5606	0.5573	0.5573	0.1141
2006	0.2302	0.5129	0.5129	0.5129	0.5129	0.4978	0.4978	0.1019
2007	0.1174	0.2489	0.2489	0.2489	0.2489	0.2761	0.2761	0.0591
2008	0.1499	0.3070	0.3070	0.3070	0.3070	0.3380	0.3380	0.0593
2009	0.1537	0.2960	0.2960	0.2960	0.2960	0.3222	0.3222	0.0547
2010	0.1570	0.3447	0.3447	0.3447	0.3447	0.3128	0.3128	0.0504

续表

年份	6 食品制造业					7 酒精及酒、茶、饮料制造业		8 烟草制品业
	制糖业	方便食品制造业	液体乳及乳制品制造业	调味品、发酵制品制造业	其他食品制造业	酒精及饮料酒制造业	其他饮料制造业	
2011	0.1677	0.3360	0.3360	0.3360	0.3360	0.3166	0.3166	0.0664
2012	0.1598	0.3670	0.3670	0.3670	0.3670	0.2950	0.2950	0.0469
2013	0.2559	0.5618	0.5618	0.5618	0.5618	0.5099	0.5099	0.0821
2014	0.2734	0.5476	0.5476	0.5476	0.5476	0.5161	0.5161	0.1082
2015	0.2605	0.5982	0.5982	0.5982	0.5982	0.4809	0.4809	0.0764

参 考 文 献

[1] 曹大宇，李谷成. 我国农业环境库兹涅茨曲线的实证研究——基于联立方程模型的估计 [J]. 软科学，2011（7）：76-80.

[2] 陈红蕾，翟婷婷. 中澳贸易隐含碳排放的测算及失衡度分析 [J]. 中国经贸探索，2013，29（7）：61-69.

[3] 陈红敏. 中国对外贸易的能源环境影响——基于隐含流的研究 [M]. 上海：复旦大学出版社，2011.

[4] 陈志刚，宋海英，董银果，王鑫鑫. 中国农产品贸易与SPS措施：贸易模式、影响程度及应对策略分析 [M]. 杭州：浙江大学出版社，2011.

[5] 程国强. 中国农产品出口：增长、结构与贡献 [J]. 管理世界，2004（11）：85-96.

[6] 程豪. 碳排放怎么算——《2006年IPCC国家温室气体清单指南》[J]. 中国统计，2014（11）：28-30.

[7] 代金贵，祁春节. 农业贸易自由化对农业环境品质影响的实证分析及政策展望 [J]. 农业展望，2008（11）：26-29.

[8] 戴育琴，冯中朝，李谷成. 中国农产品出口贸易隐含碳排放测算及结构分析 [J]. 中国科技论坛，2016（1）：137-144.

[9] 戴小文. 中国农业隐含碳排放核算与分析——兼与一般碳排放核算方法的对比 [J]. 财经科学, 2014 (12): 127-136.

[10] 丁玉梅, 廖程胜, 吴贤荣, 田云. 中国农产品贸易隐含碳排放测度与时空分析 [J]. 华中农业大学学报（社会科学版）, 2017 (1): 44-56.

[11] 杜祥琬. 应对气候变化的两个基本问题——应对气候变化战略的科学性及对中国发展的意义 [J]. 地球科学进展, 2014, 29 (4): 438-442.

[12] 杜运苏, 孙辉煌. 中国出口贸易隐含碳排放增长因素分析：基于 LMDI [J]. 世界经济研究, 2012 (11): 44-49.

[13] 范允奇, 王文举. 我国经济增长对碳排放驱动效应的实证研究 [J]. 贵州财经学院学报, 2011 (3): 7-13.

[14] 付加锋, 高庆先. 中国国际贸易中的内涵 CO_2 排放及其空间特征 [J]. 资源开发与市场, 2009, 25 (7): 602-605.

[15] 高潇博, 孔群喜, 余凡. 规模效应、结构效应和技术效应与碳排放关联性考察 [J]. 山东财经大学学报, 2015, 27 (2): 35-41.

[16] 韩昭庆.《京都议定书》的背景及其相关问题分析 [J]. 复旦学报（社会科学版）, 2002 (2): 100-104.

[17] 何建坤, 刘滨. 作为温室气体排放衡量指标的碳排放强度分析 [J]. 清华大学学报（自然科学版）, 2004 (6): 740-743.

[18] 何秀荣, Thomas I Wahl. 中国农产品贸易：最近 20 年的变化 2002 [J]. 中国农村经济, 2002 (6): 9-15.

[19] 贺亚琴, 冯中朝. 中国出口结构优化——基于碳排放的视角 [J]. 中国科技论坛, 2015 (1): 80-85.

[20] 胡剑波. 国际贸易中的碳排放测度方法研究进展 [J]. 生态经济, 2015, 31 (8): 97-101.

[21] 黄季焜, 徐志刚, 李宁辉, 罗思高. 新一轮贸易自由化与中国农业、贫困和环境 [J]. 中国科学基金, 2005 (3): 142-146.

[22] 黄祖辉, 米松华. 农业碳足迹研究——以浙江省为例 [J]. 农业经济问题, 2011 (11): 40-47.

[23] 贾慧婷. 规模、结构和技术效应影响碳排放的程度及交互关系——基于 1997-2009 年省际面板数据的实证分析 [J]. 科技管理研究, 2013 (14): 34-39.

[24] 匡远配, 谢杰. 中国农产品贸易的资源效应和环境效应的实证分析 [J]. 国际贸易问题, 2011 (11): 138-147.

[25] 兰宜生. 基于投入产出偏差模型的我国出口商品内涵碳排分析 [J]. 世界经济研究, 2011 (7): 65-68.

[26] 李波, 张俊飚. 基于投入视角的我国农业碳排放与经济发展脱钩研究 [J]. 经济经纬, 2012 (4): 27-31.

[27] 李波, 张俊飚, 李海鹏. 中国农业碳排放时空特征及影响因素分解 [J]. 中国人口·资源与环境, 2011, 21 (8): 80-86.

[28] 李谷成, 范丽霞, 冯中朝. 资本积累、制度变迁与农业增长——对 1978-2011 年中国农业增长与资本存量的实证估计 [J]. 管理世界, 2014 (5): 67-80.

[29] 李国平, 张云. 附加环境因素: 传统比较优势理论的扩展 [J]. 中国人口·资源与环境, 2004, 14 (4): 6-10.

[30] 李翠菊. 我国狭义农业碳源碳汇实证分析 [D]. 北京: 首都经济贸易大学, 2012.

[31] 李艳梅, 付加锋. 中国出口贸易中隐含碳排放增长的结构分解分析 [J]. 中国人口·资源与环境, 2010 (8): 53-57.

[32] 李岳云, 任重. 农产品贸易自由化与环境问题 [J]. 世界农业, 1995 (7): 12-13.

[33] 李祝平, 李舒颖, 黄再春. 我国农业对外贸易环境效应的实证研究 [J]. 江淮论坛, 2017 (4): 25-29.

[34] 林伯强, 蒋竺均. 中国二氧化碳的环境库兹涅兹曲线预测及影响因素 [J]. 管理世界, 2009 (4): 27-35.

[35] 刘国平, 诸大建. 中国碳排放、经济增长与福利关系研究 [J]. 财贸研究, 2011 (6): 83-88.

[36] 刘建翠. 产业结构变动、技术进步与碳排放 [J]. 首都经济贸易大学学报, 2013 (5): 14-20.

[37] 刘燕华, 葛全胜, 何凡能. 应对国际CO_2减排压力的途径及我国减排潜力分析 [J]. 地理学报, 2008, 63 (7): 675-682.

[38] 刘子飞. 中国农产品对外贸易环境效应的实证分析 [J]. 经济问题探索, 2014 (12): 110-117.

[39] 鲁传一. 资源与环境经济学 [M]. 北京: 清华大学出版社, 2004.

[40] 陆虹. 中国环境问题与经济发展的关系分析——以大气污染为例 [J]. 财经研究, 2000 (10): 53-59.

[41] 陆文聪, 郭小钗. 农业贸易自由化对我国环境的影响与对策 [J]. 中国农村经济, 2002 (1): 46-51.

[42] 马翠萍, 刘小和. 低碳背景下中国农业温室气体排放研究 [J]. 现代经济探讨, 2011 (12): 67-71.

[43] 马翠萍, 史丹. 贸易开放与碳排放转移：来自中国对外贸易的证据 [J]. 数量经济技术经济研究, 2016 (7)：25-40.

[44] 马晶梅, 王新影, 贾红宇. 中日贸易隐含碳失衡研究 [J]. 资源科学, 2016, 38 (3)：523-533.

[45] 欧阳小迅, 戴育琴, 瞿艳萍. 中国农产品出口贸易隐含碳排放变动特征及驱动因素分解 [J]. 财经论丛, 2016 (5)：3-10.

[46] 庞军, 石媛昌, 谢希, 高笑默. 基于MRIO模型的中美欧日贸易隐含碳特点对比分析 [J]. 气候变化研究进展, 2015, 11 (3)：212-220.

[47] 庞军, 石媛昌, 闫玉楠. 我国出口贸易隐含能及其影响因素的分解分析 [J]. 经济问题探索, 2012 (3)：103-109.

[48] 彭可茂, 席利卿, 彭开丽. 考虑碳排放的中美农产品贸易影响因素研究——基于引力模型的验证 [J]. 中国地质大学学报（社会科学版）, 2012 (1)：25-30.

[49] 齐玮, 侯宇硕. 中国农产品进出口贸易隐含碳排放的测算与分解 [J]. 经济经纬, 2017, 34 (2)：74-79.

[50] 齐晔, 李惠民, 徐明. 中国进出口贸易中的隐含碳估算 [J]. 中国人口·资源与环境, 2008 (3)：6-9.

[51] 冉光和, 王建洪, 王定祥. 我国现代农业生产的碳排放变动趋势研究 [J]. 农业经济问题, 2011 (2)：32-38.

[52] 史常亮, 揭昌亮, 朱俊峰. 中国农业能耗碳排放脱钩的影响因素解析 [J]. 产业评论, 2016 (4)：116-126.

[53] 石红莲, 张子杰. 中国对美国出口产品隐含碳排放的实证分析 [J]. 国际贸易问题, 2011 (4)：56-64.

[54] 宋辉，刘新建. 中国能源利用投入产出分析 [M]. 北京：中国市场出版社，2013.

[55] 宋玉臣，臧云特. 日本技术性贸易壁垒与我国农产品出口的动态效应研究 [J]. 经济问题探索，2016（3）：156–163.

[56] 孙华平，陈丽珍. 碳排放影响中美农产品贸易的实证研究 [J]. 宏观经济研究，2014（2）：137–143.

[57] 田云，张俊飚. 中国农业生产净碳效应分异研究 [J]. 自然资源学报，2013（8）：1298–1308.

[58] 涂正革. 环境、资源与工业增长的协调性 [J]. 经济研究，2008（2）：93–105.

[59] 王飞成，郭其友. 经济增长对环境污染的影响及区域性差异——基于省际动态面板数据模型的研究 [J]. 山西财经大学学报，2014，36（4）：14–26.

[60] 王吉凯. 基于产品生命周期的碳排放计算方法研究 [D]. 安徽：合肥工业大学，2012.

[61] 王群伟，周鹏，周德群. 中国二氧化碳排放绩效的动态变化、区域差异及影响因素 [J]. 中国工业经济，2010（1）：45–54.

[62] 汪素芹，徐成亚，王有鑫. 2012中国出口贸易内涵CO_2排放行业和区域分布的实证研究 [J]. 当代经济管理，2012，34（3）：82–86.

[63] 王媛，魏本勇，方修琦. 基于LMDI方法的中国国际贸易隐含碳分解 [J]. 中国人口·资源与环境，2011（2）：141–146.

[64] 魏思超. 中国出口贸易隐含碳的测算及影响因素研究 [D]. 长沙：湖南大学，2012.

[65] 吴方卫. 我国农业资本存量的估计 [J]. 农业技术经济，1999

(6)：34-38.

[66] 吴先华，郭际，郭雯倩. 基于商品贸易的中美间碳排放转移测算及启示 [J]. 科学学研究，2011，29 (9)：1323-1330.

[67] 吴学君. 中国农产品产业内贸易的影响因素及效应研究 [M]. 北京：经济科学出版社，2011.

[68] 吴振信，谢晓晶，王书平. 经济增长、产业结构对碳排放的影响分析——基于中国的省级面板数据 [J]. 中国管理科学，2012，20 (3)：161-166.

[69] 谢来辉，陈迎. 碳泄漏问题评析 [J]. 气候变化研究进展，2007，3 (4)：214-219.

[70] 许广月. 中国能源消费碳排放与经济增长关系的研究 [M]. 北京：中国书籍出版社，2013.

[71] 许广月，宋德勇. 中国碳排放环境库兹涅茨曲线的实证研究——基于省域面板数据 [J]. 中国工业经济，2010 (5)：43-52.

[72] 许永明，李怀政，唐凌男. 欧盟环境规制对中国农产品出口的溢出效应 [J]. 对外经贸，2016 (5)：9-13.

[73] 许源，顾海英，吴开尧. 中国农产品贸易隐含的 CO_2 评估——基于非竞争型投入产出模型 [J]. 生态经济，2013 (8)：82-86.

[74] 徐家鹏. 中国农业能源消耗与 CO_2 排放：趋势及减排路径——基于 Holt-Winter 无季节性模型和"十三五"的预测 [J]. 生态经济，2016，32 (2)：122-126.

[75] 徐现祥，周吉梅，舒元. 中国省区三次产业资本存量估计 [J]. 统计研究，2007，24 (5)：6-13.

[76] 姚西龙，于渤. 技术进步、结构变动与工业二氧化碳排放研究

[J]. 科研管理, 2012, 33 (8): 35-39.

[77] 杨骞, 刘华军. 中国碳强度分布的地区差异与收敛性——基于 1995-2009 年省际数据的实证研究 [J]. 当代财经, 2012 (2): 87-98.

[78] 杨荣海, 李亚波. 农业自由贸易与资源环境协调发展 [J]. 贵州财经大学学报, 2013 (3): 93-99.

[79] 余东华, 张明志. "异质性难题"化解与碳排放 EKC 再检验——基于门限回归的国别分组研究 [J]. 中国工业经济, 2016 (7): 57-73.

[80] 查建平, 郑浩生, 唐方方. 中国区域工业碳排放绩效及其影响因素实证分析 [J]. 软科学, 2012 (4): 1-6.

[81] 张迪, 魏本勇, 方修琦. 基于投入产出分析的 2002 年中国农产品贸易隐含碳排放研究 [J]. 北京师范大学学报（自然科学版）, 2010 (6): 738-742.

[82] 张广胜, 王珊珊. 中国农业碳排放的结构、效率及其决定机制 [J]. 农业经济问题, 2014 (7): 18-27.

[83] 张浩. 农产品贸易对环境影响的理论初探 [J]. 农业与发展环境, 1995 (1): 43-45.

[84] 张魁元. 中日贸易隐含碳排放及影响因素研究 [D]. 合肥: 安徽财经大学, 2013.

[85] 张凌云, 毛显强, 涂莹燕. 中国种植业产品贸易自由化对环境影响的计量经济分析 [J]. 中国人口资源与环境, 2005, 15 (6): 46-49.

[86] 张霞, 蔡宗寿, 李欢. 我国农业生产能源消费现状分析 [J]. 江苏农业科学, 2015, 43 (5): 441-442.

［87］赵聚辉，刘俭. 碳关税对我国农产品出口贸易影响的经济学分析［J］. 农村经济与科技，2015，26（8）：105-108.

［88］赵荣钦，秦明周. 中国沿海地区农田生态系统部分碳源汇时空差异［J］. 生态与农村环境学报，2007，23（2）：1-6.

［89］周曙东. 农产品进口所带来的社会经济及环境影响——以江苏省为例［J］. 南京农业大学学报，2001，24（4）：89-92.

［90］周新. 国际贸易中的隐含碳排放核算及贸易调整后的国家温室气体排放［J］. 管理评论，2010（6）：17-24.

［91］朱立志，刘静，向猛. 我国农业生产能源消费变化与趋势分析［J］. 环境经济，2010（12）：44-47.

［92］Ahmad N, Wyckoff A. Carbon Dioxide Emissions Embodied in International Trade of Goods［EB/OL］. OECD Science, Technology and Industry Working Papers, 2003/15, OECD Publishing, Paris. http：//dx. doi. org/10. 1787/421482436815.

［93］Allan J A. Virtual Water：a Long Term Solution for Water Short Middle Eastern Economics?［M］.//Paper Presented at the 1997 British Association Festival of Science Leeds：University of Leeds Press, 1997：24-29.

［94］Antweiler W, Copeland B R, Taylor M S. Is Free Trade Good for the Environment?［J］. American Economic Review, 2001, 91（4）：877-908.

［95］Ang B W. Is the Energy Intensity a Less Useful Indicator than the Carbon Factor in the Study of Climate Change［J］. Energy Policy, 1999, 27（15）：943-946.

［96］Ang B W. Decomposition Analysis for Policymaking in Energy：Which is the Preferred Method?［J］. Energy Policy, 2004（9）：1131-

1139.

[97] Babiker M H M, Jacoby H D. Developing Country Effects of Kyoto – Type Emissions Restrictions [R]. Report No. 53, Cambridge, MA: MIT Joint program on the Science and Policy of Global Change, 1999.

[98] Barbier E B. Links between Economic Liberalization and Rural Resource Degradation in the Developing Regions [J]. Agricultural Economics, 2000, 23 (3): 299 – 310.

[99] Barker T, Ekins P, Foxon T. The Macro – Economic Rebound Effect and the UK Economy [J]. Energy Efficiency, 2007, 35 (10): 4935 – 4946.

[100] Barrett S. Strategic Environmental Policy and International Trade [J]. Journal of Public Economics, 1994, 54 (3): 435 – 445.

[101] Beghin J, Potier M. Effects of Trade Liberalization on the Environment in the Manufacturing Sector [J]. Staff General Research Papers Archive, 1997, 20 (4): 435 – 456.

[102] Branger F, Quirion P. Would Border Carbon Adjustments Prevent Carbon Leakage and Heavy Industry Competitiveness Losses? Insights From a Meta-analysis of Recent Economic Studies [J]. Ecological Economics, 2014, 99 (99): 29 – 39.

[103] Brown M T, Herendeen R A. Embodied Energy Analysis and EMERGY Analysis: a Comparative View [J]. Ecological Economics, 1996, 19 (3): 219 – 235.

[104] Bullard C W, Herendeen R A. The Energy Cost of Goods and Services [J]. Energy Policy, 1975, 3 (4): 268 – 278.

[105] Chung Y H, Fare R, Grosskopf S. Productivity and Undesirable Outputs: A Directional Distance Function Approach [J]. Journal of Environmental Management, 1997, 51: 229 – 240.

[106] Cole M A. Development, Trade, and the Environment: How Robust Is the Environmental Kuznets Curve? [J]. Environment and Development Economics, 2003, 8 (4): 557 – 580.

[107] Copeland B R, Taylor M S. North – South Trade and the Environment [J]. The Quarterly Journal of Economics, 1994, 109 (3): 755 – 787.

[108] Copeland B R, Taylor M S. Trade and Transboundary Pollution [J]. American Economic Review, 1995, 85 (4): 716 – 737.

[109] Copeland B R, Taylor M S. Trade, Spatial Separation, and the Environment [J]. Journal of International Economics, 1999, 47 (1): 137 – 168.

[110] Copeland B R, Taylor M S. Trade, Growth, and the Environment [J]. Journal of Economic Literature, 2004, 42 (1): 7 – 71.

[111] Copeland B R, Taylor M S. Free Trade and Global Warming: a Trade Theory View of the Kyoto Protocol [J]. Journal of Environmental Economics and Management, 2005, 49 (2): 205 – 234.

[112] Dietz T, Rosa E A. Effects of Population and Affluence on CO_2 Emissions [J]. Proceedings of the National Academy of Sciences of the United States of America, 1997, 94 (1): 175 – 179.

[113] Du L, Wei C, Cai S. Economic Development and Carbon Dioxide Emissions in China: Provincial Panel Data Analysis [J]. China Economic Review, 2012, 23 (2): 371 – 384.

[114] Ekins P. The Kuznets Curve for the Environment and Economic Growth: Examining the Evidence [J]. Environment and Planning, 1997, 29 (5): 805 -830.

[115] Esty D C, Geradin D. Market Access, Competitiveness, and Harmonization: Environmental Protection in Regional Trade Agreements [J]. The Harvard Environmental Law Review, 1997 (21): 265 -336.

[116] Fare R, Grosskopf S, Pasurka Jr C A. Accounting for Air Pollution Emissions in Measure of State Manufacturing Productivity Growth [J]. Journal of Regional Science, 2001, 41 (3): 381 -409.

[117] Fare R, Grosskopf S, Margaritis D. APEC and the Asian Economic Crisis: Early Signals from Productivity Trends [J] . Asian Economic Journal, 2001, 15 (3): 325 -341.

[118] Fare R, Grosskopf S, Pasurka Jr C A. Environmental Production Functions and Environmental Directional Distance Functions [J] . Energy, 2007, 32 (7): 1055 -1066.

[119] Galeotti M, Lanza A, Pauli F. Reassessing the Environmental Kuznets Curve for CO_2 Emissions: A Robustness Exercise [J] . Ecological Economics, 2006, 57 (1): 152 -163.

[120] Gerlagh R, Van der Zwaan B C C. Long-term Substitutability between Environmental and Man-made Goods [J]. Journal of Environmental Economics and Management, 2002, 44 (2): 329 -345.

[121] Gielen D J, Moriguchi Y. Technological Potentials for CO_2 Emission Reduction in the Global Iron and Steel Industry [J]. International Journal of Energy Technology & Policy, 2002, 1 (3): 229 -249.

［122］ Green C. Potential Scale-related Problems in Estimating the Cost of CO_2 Mitigation Policies ［J］. Climatic Change, 2000, 44: 331 – 349.

［123］ Grossman G M, A B Krueger. Environmental Impacts of a North American Free Trade Agreement. NBER Working Paper No. 3914. Cambridge MA, 1991.

［124］ Hall R E, Jones C. Why do Some Countries Produce So Much More Output Per Worker than Others? ［J］. Quarterly Journal of Economics, 1999, 114 (1): 83 – 116.

［125］ Hannon B, Blazeck T, Kennedy D, et al. A Comparison of Energy Intensities: 1963, 1967 and 1972 ［J］. Resources and Energy, 1983, 5 (1): 83 – 102.

［126］ Harold C, Runge C F. GATT and the Environment: Policy Research Needs ［J］. American Journal of Agricultural Economics, 1993, 75 (3): 789 – 793.

［127］ Hayami H, Nakamura M. CO_2 Emission of an Alternative Technology and Bilateral Trade between Japan and Canada: Relocating Production and an Implication for Joint Implementation ［R］. Tokyo: Keio University, 2002.

［128］ Holtz – Eakin D, Selden T M. Stoking the Fires? CO_2 Emissions and Economic Growth ［J］. Journal of Public Economics, 1995, 57 (1): 85 – 101.

［129］ IPCC. IPCC Guidelines for National Greenhouse Gas Inventories ［EB/OL］. http://www.ipcc-nggip.iges.or.jp/public/2006gl/index.html, 2006.

［130］ IPCC. Climate Change 2007: The Physical Science Basis of Climate Change. Contribution of Working Group I to the Fourth Assessment Report of the Intergovernmental Panel on Climate Change [R]. Geneva, Switzerland: IPCC, 2007.

[131] IEA. CO_2 Emissions From Fuel Combustion 2016 [DB/OL]. http://www.iea.org/bookshop/729 - CO_2_Emissions_from_Fuel_Combustion, 2016.

[132] Julio Sánchez – Chóliz, Duarte R. CO_2 emissions embodied in international trade: evidence for Spain [J]. Energy Policy, 2004, 32 (18): 1999 - 2005.

[133] Kander A, Lindmark M. Foreign Trade and Declining Pollution in Sweden: a decomposition analysis of long-term structural and technological effects [J]. Energy Policy, 2006, 34 (13): 1590 - 1599.

[134] Khan M S. A Macroeconomic Adjustment in Developing Countries: a Policy Perspective [J]. World Bank Research Observer, 1987, 2 (1): 23 - 42.

[135] Kondoa Y, Moriguchia Y, Shimizub H. CO_2 Emissions in Japan: Influences of Imports and Exports [J]. Applied Energy, 1998, 59 (2 - 3): 163 - 174

[136] Kuik O. The Effect of Trade Liberalization on Carbon Leak-age under the Kyoto Protocol: Experiments with GTAP - E [R]. Paper Prepared for the 4th Annual Conference on Global Economic Analysis, Purdue University, West Lafayette, Indiana, USA, 2001.

[137] Lantz V, Feng Q. Assessing Income, Population, and Technology Impacts on CO_2 Emissions in Canada: Where's the EKC? [J]. Ecological

Economics, 2006, 57 (2): 229 – 238.

[138] Lenzen M. Primary Energy and Greenhouse Gases Embodied in Australian Final Consumption: An Input-output Analysis [J]. Energy Policy, 1998, 26 (6): 495 – 506.

[139] Lenzen M, Pade L L, Munksgaard J. CO_2 Multipliers in Multi-region Input-output Models [J]. Economic Systems Research, 2004, 16: 391 – 412.

[140] Leontief W. Quantitative Input-output Relations in the Economic System of the United States [J]. Review of Economic and Statistics, 1936, 18 (3): 105 – 125.

[141] Leontief W. Environmental Repercussions and the Economic Structure: an Input-output Approach [J]. Review of Economic and Statistics, 1974, 56 (1): 109 – 110.

[142] Li Y, Hewitt C N. The Effect of Trade between China and the UK on National and Global Carbon Dioxide Emissions [J]. Energy Policy, 2008, 36 (6): 1907 – 1914.

[143] Liu X, Ishikawa M, Wang C, Dong Y, Liu W. Analysis of CO_2 emissions embodied in Japan – China Trade [J]. Energy Policy, 2010, 38 (3): 1510 – 1518.

[144] Lopez R. Environmental Externalities in Traditional Agriculture and the Impact of Trade Liberalization: the case of Ghana [J]. Journal of Development Economics, 1997, 53 (1): 17 – 39.

[145] Lucas, R E B, Wheeler D, Hemamala H. Economic Development, Environmental Regulation and the International Migration of Toxic In-

dustrial Pollution: 1960 – 1988 [J]. Policy Research Working Paper, 1992 (4): 13 – 18.

[146] Machado G, Schaeffer R, Worrell E. Energy and Carbon Embodied in the International Trade of Brazil: an Input-output Approach [J]. Ecological Economics, 2001, 39 (3): 409 – 424.

[147] Maenpaa I, Siikavirta H. Greenhouse Gases Embodied in the International Trade and final comsumption of Finland: An input-output analysis [J]. Energy Policy, 2007, 35 (1): 128 – 143.

[148] Managi S. Trade Liberalization and the Environment: Carbon Dioxide for 1960 – 1999 [J]. Economics Bulletin, 2004, 17 (2): 1 – 5.

[149] Managi S, Hibiki A, Tsurumi T. Does Trade Openness Improve Environmental Quality? [J]. Journal of Environmental Economics and Management, 2009, 58 (3): 346 – 363.

[150] Maria C D, Werf E V D. Carbon Leakage Revisited: Unilateral Climate Policy with Directed Technical Change [J]. Environmental and Resource Economics, 2008, 39 (2): 55 – 74.

[151] Martinez – Zarzoso I, Bengochea – Morancho A. Pooled Mean Group Estimation for an Environmental Kuznets Curve for CO_2 [J]. Economics Letters, 2004, 82 (1): 121 – 126.

[152] Mielnik O, Goldemberg J. The Evolution of the "Carbonization Index" in developing countries [J]. Energy Policy, 1999, 27 (5): 307 – 308.

[153] Mongelli I, Tassielli G, Notarnicola B. Global Warming Agreements, International Trade and Energy/Carbon Embodiments: an Input-output

approach to the Italian case [J]. Energy Policy, 2006, 34 (1): 88 – 100.

[154] Moomaw W R, Unruh G C. Are Environmental Kuznets Curves Misleading Us? The Case of CO_2 Emissions [J]. Environmental and Development Economics, 1997, 2 (4): 451 – 463.

[155] Mukhopadhyay K, Chakraborty D. Environmental Impacts of Trade in India [J]. International Trade Journal, 2005, 19 (2): 135 – 163.

[156] Novo P, Garrido A, Varelaortega C. Are Virtual Water "Flows" in Spanish Grain Trade Consistent with Relative Water Scarcity? [J]. Ecological Economics, 2009, 68 (5): 1454 – 1464.

[157] Panayotou T, Sachs J, Peterson A. Developing Countries and the Control of Climate Change: A Theoretical Perspective and Policy Implications [R]. CAER II Discussion Paper, No. 44, Cambridge, MA, 1999.

[158] Pasche M. Technical Progress, Structural Change, and the Environmental Kuznets Curve [J]. Ecological Economics, 2002, 42 (3): 381 – 389.

[159] Peters G P, Hertwich E G. Pollution Embodied in Trade: The Norwegian Case [J]. Global Environmental Change, 2006, 16 (4): 379 – 387.

[160] Peters G P, Hertwich E G. CO_2 Embodied in International Trade with Implications for Global Climate Policy [J]. Environmental Science and Technology, 2008, 42 (5): 1401 – 1407.

[161] Pethig R. Pollution, Welfare and Environmental Policy in the Theory of Comparative Advantage [J]. Journal of Environmental Economics & Management, 1976, 2 (3): 160 – 169.

[162] Rae A N, Strutt A. The WTO, Agricultural Trade Reform and the Environment: Nitrogen and Agro – Chemical Indicators for the OECD [J]. Estey Centre Journal of International Law and Trade Policy, 2007, 8 (1): 11 – 32.

[163] Reinaud J. Issues behind Competitiveness and Carbon Leakages: Focus on Heavy Industry [R]. IEA Information Paper, Paris: OECD /IEA, 2008.

[164] Richmond A K, Kaufmann R K. Is There a Turning Point in the Relationship between Income and Energy Use and/or Carbon Emissions [J]. Ecological Economics, 2006, 56 (2): 176 – 189.

[165] Schaeffer R, Sa A L D. The Embodiment of Carbon Associated with Brazilian Imports and Exports [J]. Fuel & Energy Abstracts, 1996, 37 (3): 955 – 960.

[166] Selden T M, Song D. Environmental Quality and Development: Is There a Kuznets for Air Pollution Emissions [J]. Journal of Environmental Economics and Management, 1994, 27 (2): 147 – 162.

[167] Shephard R W. Theory of Cost and Production Functions. Princeton, NJ: Princeton University Press, 1970.

[168] Shui B, Harriss R C. The Role of CO_2 Embodiment in US – China Trade [J]. Energy Policy, 2006, 34 (18): 4063 – 4068.

[169] Vennemo H, Aunan K, He J, Li S. Environmental Impacts of China's WTO – Accession [J]. Ecological Economics, 2008, 64 (4): 893 – 911.

[170] Weber C L, Matthews H S. Embodied Environmental Emissions in

U. S. International Trade, 1997 – 2004 [J]. Environmental Science and Technology, 2007, 41 (14): 4875 – 4881.

[171] Weber C L, Peters G P, Guan D, Hubacek K. The Contribution of Chinese Exports to Climate Change [J]. Energy Policy, 2008, 36 (9): 3572 – 3577.

[172] Wilting H C, Vringer K. Environmental Accounting from a Producer or a Consumer Principle: an Empirical Examination Covering the World [R]. 16th International Input – Output Conference of the International Input – Output, Istanbul, Turkey, 2007.

[173] Wright D J. Goods and Services: an Input-output Analysis [J]. Energy Policy, 1974, 2 (4): 307 – 315.

[174] Yan Y, Yang L. China's Foreign Trade and Climate Change: A Case Study of CO_2 Emissions [J]. Energy Policy, 2010, 38 (1): 350 – 356.

[175] Zhang Z, Qu J, Zeng J. A Quantitative Comparison and Analysis on the Assessment Indicators of Greenhouse Gases Emission [J]. Journal of Geographical Sciences, 2008, 18 (4): 387 – 399.

后　记

本书是在我的博士论文基础上修改完善而成的。

时光荏苒，日月如梭。还清晰地记得多年前来华中农业大学考博的场景，如今终于圆满完成了博士学业，心中的一块大石头得以落地。回忆5年的读博时光，漫长而艰辛，但是留在记忆中的却是欢笑、感动和发自肺腑的感谢。

首先，我要感谢的是我的恩师冯中朝教授。在我求学迷茫之时，辗转来到华中农业大学经济管理学院，是冯老师接收我成为他的学生。能够师从冯门是我最大的幸运。冯老师平易近人，待人亲切，春风化雨，润物无声，潜移默化中将他深邃的思想和高尚的品行传递并深深影响着学生。冯老师学识渊博，治学严谨，诲人不倦，宽容豁达，胸怀坦荡，不仅鞭策我在学术的道路上坚持求真务实、脚踏实地，而且让我学会如何面对工作和生活中的成败得失。

感谢周应恒教授、陶建平教授、祁春节教授、熊学萍教授在我博士论文开题、中期检查中的真知灼见；感谢论文答辩委员会的陶建平教授、邹进泰教授、郑炎成教授、刘颖教授、熊学萍教授、马文杰副教授在博士论文答辩中提出的宝贵意见；感谢经管学院研究生办公室的李晶老师、陈曙老师在博士期间给予我学习和生活上的关心、便利与照顾。在此一

后 记

并表示衷心的感谢。

感谢李谷成教授在论文数据处理中提供的帮助。李教授既是我的同门师弟也是我的老师，他对科研的刻苦钻研精神是我学习的榜样。

感谢同门师兄弟姐妹，王璐博士、吴清华博士、梅星星博士、贺亚琴博士、沈尧博士、冷博峰博士、李俊鹏博士、刘成博士、俞璨聪博士、王静硕士、朱诗萌硕士、李笑飞硕士、李维扬硕士、黄杰硕士、胡浩伟硕士、叶磊硕士、李涛硕士等在学习和生活方面给了我很多帮助，他们真诚善良，勤奋好学，我时常被他们的快乐所感染，我们是一个温暖的大家庭。感谢2012级博士班的同学，刘智博士、聂建亮博士、徐小伟博士、肖娥芳博士、肖小勇博士、管珊博士等，让我收获了宝贵的友谊，我们在华农共同走过一段美好的岁月，留下珍贵的记忆。

我更要感谢生我养我的父母，他们给予了我人世间最无私的爱，永远是我最强有力的后盾。多年来我的父亲一直独自照顾我生病的母亲，毫无怨言，任劳任怨，默默支持我的学业和工作，这也让我万分内疚，我想从今开始，我一定要好好弥补我的父母，更多地陪伴在他们身边。感谢我的丈夫欧阳小迅博士，一直以来对我读博给予了最大的支持和帮助，没有他的鼓励和对家庭的付出，就没有我博士学业的顺利完成。同时还要感谢我的女儿欧阳町果，她乖巧可爱，懂事贴心，给我带来无限快乐，让生活里永远充满阳光。

衷心感谢在我攻读博士学位期间给予我支持、关心、帮助而尚未提及的老师、同学、朋友。感激之情难以用寥寥数笔表达，唯有永远铭记于心。

戴育琴
2017年12月于华农人文楼